# 戦争ミュージアム

## ——記憶の回路をつなぐ

梯 久美子
Kumiko Kakehashi

岩波新書
2024

# 目　次

サハリン(樺太)
稚内市樺太記念館
象山地下壕(松代大本営地下壕)
戦没画学生慰霊美術館 無言館
予科練平和記念館
舞鶴引揚記念館
東京大空襲・
戦災資料センター
都立第五福竜丸展示館
原爆の図丸木美術館
満蒙開拓平和記念館
長崎原爆資料館
大久野島毒ガス資料館
周南市回天記念館
対馬丸記念館
硫黄島
八重山平和祈念館
サイパン島

# 大久野島毒ガス資料館
## ――毒ガス製造と使用の知られざる歴史

〒729-2311
広島県竹原市忠海町 5491

## 地図から消された島

広島県竹原《たけはら》市の沖合いに浮かぶ大久野《おおくの》島は、一度は地図から消された島である。ここにはかつて、陸軍の毒ガス工場が置かれていた。

工場が稼働を始めたのは一九二九(昭和四)年。島内にある毒ガス資料館には、一九三一(昭和六)年の地図と、一九三八(昭和一三)年の地図が並べて展示されているが、前者にはある大久野島が、後者では、周囲の海域ごと切り取られたように空白になっている。毒ガスの製造は軍事機密であり、戦争が終わるまで、島の存在ごと隠されたのだ。

大久野島を訪れるのは初めてだった。広島空港から車で三〇分ほど走り、瀬戸内海に面した忠海《ただのうみ》港へ。そこから連絡船に乗って約一五分、島の東岸にある桟橋《さんばし》で下船すると、たくさんのウサギたちが集まってきた。

現在の大久野島は、ウサギの島として知られている。島内で自由に暮らすウサギの数はおよそ七〇〇羽。その愛らしい姿はインターネットを通して広く知られるようになり、国内外から多くの人が訪れる。今回の取材でも、島のあちこちで、持参した果物や野菜などをウサギに与える観光客を見かけた。

この島に毒ガス工場があったことを知っていると、かつて実験に使われたウサギの子孫ではないかとつい考えてしまうが、そうではない。戦時中、実験のためにウサギが飼われていたのは事実だが、現在いるのは、大久野島が一九六三（昭和三八）年に国民休暇村となってから観光用に飼い始めたもので、それが繁殖したのだという。

周囲約四キロの小さな島は緑におおわれ、瀬戸内海の眺めが美しい。いまは国立公園の一部になっているこの島に、毒ガスが作られていた頃の面影はもうないのではないかと思ったが、予想以上に多くの、しかも巨大な遺構が残っていた。

島には自家用車の乗り入れが許可されておらず、船を下りると乗り合いバスが待っていた。それに乗って、まずは毒ガス資料館に向かう。

ここには、大久野島でどのように毒ガスが製造されていたのかがわかる資料が展示されている。世界で唯一の、毒ガスに特化した資料館なのだという。大久野島の毒ガス工場について長年調査を行ってきた、元高校教師の山内正之《やまうちまさゆき》さんの案内で館内を回った。

最初に目を引かれたのは、工場で働いた人たちが使用したゴム引きの防毒服や防毒面、製造器具や保管容器などだ。これまで多くの戦争関連の資料館を訪れたが、見たことのなかったものばかりである。

　製造や冷却、保管に陶磁器が用いられたことなど、初めて知る事実もあった。京都や常滑《とこなめ》の会社で作られたことがわかる刻印があるという。陶磁器は薬品に反応しにくく、また熱にも強いためだというが、展示されている保管容器の実物は、味噌や酒などが入っていてもおかしくないような大甕《おおがめ》である。大きな殺傷能力を持つ猛毒の保管に、既視感のある器が使われていた

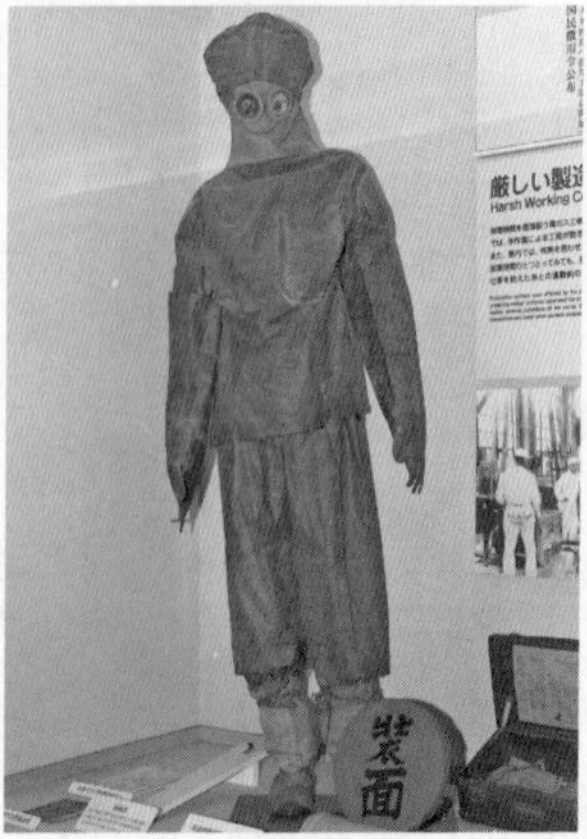

工員が使用した防毒面と防毒服

陶磁器製の毒ガス製造器具

ことに、ざわざわするような違和感を覚えた。

この資料館の価値は、よそでは見ることのできないこうした展示物だけにあるのではない。私はここで、日本の戦争と毒ガスについて、自分がいかに無知だったかを思い知った。

## 「危険な施設は地方に」

知らなかったことの第一は、日本軍が製造した毒ガスの量の多さである。

大久野島で製造されていた主な毒ガスは、きわめて殺傷能力の高い猛毒三種類(イペリット、ルイサイト、青酸ガス)および、くしゃみ性ガスのジフェニルシアノアルシン、催涙ガスの塩化アセトフェノンの計五種類だった。総生産量は六六一六トンで、これは、兵器として使えば億単位の人を死に至らしめることのできる量だという。敗戦時には、約三二〇〇トンの毒ガスが残っていた。

第二は、毒ガスの製造にかかわった人たちの健康被害についてである。

工員は防毒服と防毒面を着用したが、現在の基準からすると、比べものにならないほど性能は低く、隙間から毒ガスが入り込んだ。作業中に毒ガスを吸い込んだり毒液が付着したりする事故もしばしば起き、失明した人や死亡した人もいる。

技術や知識を持つ工員だけでなく、各地から集められた徴用工《ちょうようこう》や動員学生、勤労奉仕の人たちも作業に従事した。こうした人たちは危険性を知らされないまま、毒ガスによる傷害を受けることになった。

こんなにも危険な毒ガス工場が、なぜ、どのようにして大久野島に作られたのだろうか。大久野島でのフィールドワークのための冊子『おおくのしま平和学習ガイドブック』によれば、それは以下のような経緯だった。

第一次世界大戦では、欧米諸国が競って毒ガス兵器を開発・使用した。毒ガス戦を経験しなかった日本は、開発で欧米諸国に後れをとっており、一九一九(大正八)年、東京都新宿区百人町(戸山ケ原)に陸軍科学研究所を設置して開発を進めることにした。

だが製造施設の建設準備を始めた矢先に関東大震災が起こる。これを契機に、もしもの事態に備えて、危険な毒ガス工場は首都圏から遠く離れた地方に作ることになった。

何が製造されるのか知らされないまま、軍需工場の建設に手を挙げた候補地の中から選ばれたのが、明治時代に要塞があり、砲台が設置されたことのある大久野島だった。島の対岸の忠海には、かつて軍の施設が作られたことで栄えた歴史があった。

島なので秘密が保ちやすい、毒ガスが漏れても周囲の被害が少ない、本土からあまり離れていないため労働力や資材が入手しやすい——そんな条件を備えていたのが大久野島だった。中国大陸へ毒ガスを持ち込むには西日本の方がよいという判断もあったといわれる。

大久野島で稲作や野菜作りに従事していた住人は強制的に移住させられ、工場と関連施設が次々に建てられた。毒ガスの製造が始まると、島全体が有毒な大気でおおわれた状態になったという。

## 毒ガス兵器を使用した日本軍

大久野島で毒ガス製造のために働いた人は、のべ六七〇〇人にのぼる。その中には、動員されて島に派遣された一三〜一四歳の学徒一一〇〇人も含まれていたという。多くが戦後も後遺症に苦しめられ、慢性気管支炎、肺気腫、肺炎、肺がんなどが多発した。だが、毒ガスによる健康被害の実態が解明されて救済措置が取られるまでには、長い時間がかかった。

「症状の重い人は、戦後、次々に亡くなっていきました。毒ガスによる傷害で仕事ができず、困窮して自殺した人もいます。しかし国からは何の補償もなかった。被害者が団体を作って陳情し、広島医科大学の医師の尽力もあって、ようやく救済が始まったのです」

そう山内さんが説明してくれた。

軍属として工場で働いた人たちには一九五四（昭和二九）年から公的な救済が始まったが、徴用工や動員学徒、勤労奉仕などの民間人に対して医療手帳の交付と医療費の支給が行われるようになったのは、一九七五（昭和五〇）年のことだ。国からの命令で作業に従事したにもかかわらず、患者として認定されるための条件はきびしかった。国が毒ガス製造に携わった人たちの被害をなかなか認めようとしなかったのは、旧軍が毒ガスを大量に製造し、戦場で実際に使用していたことを公にしたくなかったからではないかと山内さんは言う。

これまで私が知らなかったことの第三が、この「日本軍が戦場で毒ガスを兵器として使用していた」ということだった。

日本軍が毒ガスを使用したことは隠され、長いあいだ国内でも海外でも知られていなかった。近現代史が専門で、日本の戦争責任について研究してきた中央大学名誉教授の吉見義明氏でさえ、〈かくいう私自身も、日中戦争や第二次世界大戦で日本軍も毒ガスを使用しなかったという説をある時まで信じていた〉（『毒ガス戦と日本軍』岩波書店）と述べている。

事実があきらかになったのは、一九八三（昭和五八）年に、当時立教大学教授だった粟屋憲太郎氏が、ワシントンのアメリカ国立公文書館で「支那事変ニ於ケル化学戦例証集」と題された書類を発見したのがきっかけだった。そこには日中戦争の開始から一九四二(昭和一七)年まで日本軍が中国各地で行った毒ガス戦五六例の内容が記述されていた。

資料館には、表紙に「極秘」の印が押されたこの例証集のコピーが展示されている。日本軍による毒ガス使用の決定的な証拠となったこの書類が発見された後、日本軍の毒ガス戦に関する多くの資料が国内外で発掘された。

敗戦時、日本軍は中国各地に毒ガスを遺棄した。そのために現在に至るまで現地の人々の健康被害が続いていることも資料館の展示では解説されている。建築や道路工事の現場では死亡事故も起きているという。こうした加害の側面を忘れてはならないと山内さんは言う。

軍が中国に残してきた毒ガスを廃棄する責任が日本にはあり、毎年、多大な処理費用を負担している。二〇二二(令和四)年度の政府予算案を調べてみると、「遺棄化学兵器廃棄処理事業費」として、六〇〇〇〇万円余りが計上されていることがわかった。すべての毒ガスが処理されるには、まだ長い年月がかかる。

## 廃棄処理の難しさ

資料館を後にして、山内さんの案内で島内を巡った。毒ガス工場があったあたりは、現在、国民休暇村の敷地になっているが、研究室や薬品庫、検査工室の建物や、猛毒イペリットの貯蔵庫跡が残っている。そのほかにもあちこちに、倉庫や貯蔵庫、タンク、防空壕《ぼうくうごう》などの遺構があり、明治時代の砲台の跡も残っている。中でもその巨大さに目を見張ったのが、桟橋近くの発電場跡と、島の北部にある長浦毒ガス貯蔵庫跡だ。

発電場は工場に電気を供給するために作られたもので、八基の発電機の総出力は三四〇〇キロワット。三階建ての高さがある吹き抜け構造で、太平洋戦争末期には、天井の高さを利用して、ここで風船爆弾の気球部分の最終仕上げが行われたそうだ。戦後は米軍の弾薬庫として使われた。

長浦毒ガス貯蔵庫は、島に多くあった貯蔵庫の中でも最大のもので、見上げる威容は要塞のようだ。内部には一〇〇トンのタンクが六基あったという。

大久野島では、戦後、進駐してきた連合軍の指示のもと、日本人の作業員によって、約一年をかけて毒物の処理が行われた。薬品で消毒したり、太平洋の沖に沈めたり、火炎放射器で焼いたりしたという。

この貯蔵庫でも、タンクの毒物を抜き取った後、焼却処理が行われた。大型の火炎放射器で貯蔵庫の内部を焼いている当時の写真を山内さんが見せてくれたが、ものすごい炎に驚かされた。貯蔵庫内部のコンクリートの壁面にはいまも黒い焼け焦げが残っていて、毒ガスの処理作業のすさまじさの一端がわかる。

こうした戦後の作業でも、事故で死傷者が出たり、作業員が後遺症に苦しめられたりした。島の土壌の一部が汚染されたこともわかっている。

大久野島で最大の長浦毒ガス貯蔵庫跡

この島に来るまで知らなかったことが多いと書いたが、毒ガスの廃棄処理の難しさと、被害の期間の長さもそのひとつだ。こうしたことを知ると、原発事故との類似点について考えざるを得なかった。

大久野島へ工場を誘致した人々は、地元の経済にプラスになると考えた。そのときは毒ガス

長浦毒ガス貯蔵庫での火炎放射器による除染作業（1947 年 3 月 20 日撮影，オーストラリア戦争記念館コレクションより）

工場であることは知らされておらず、一帯の人々がここまで危険にさらされるとは思っていなかったのだ。だが軍の施設によって潤ったのは一時期で、その後は長く健康被害が続き、しかも補償には高い壁があった。国としても、国内外での廃棄処理事業で、現在に至るまで高い代償を払い続けている。

毒ガスを含む化学兵器が、現在進行形の問題であることも忘れてはいけない。ロシアのウクライナ侵攻においても、当初、ロシアによる毒ガスの使用が危惧され、それはいまも払拭されたわけではない。これからの戦争は、核だけではなく、化学兵器も大きな脅威であることを、私たちは目の当たりにしているのだ。

# 予科練平和記念館

## ――大空に憧れた少年たちの「特攻」

（提供：予科練平和記念館）

〒300-0302
茨城県稲敷郡阿見町廻戸 5-1

## 予科練《よかれん》出身者の戦死率は八割

日本で二番目に広い湖である霞ヶ浦《かすみがうら》のほとり、茨城県稲敷《いなしき》郡阿見町《あみまち》に予科練平和記念館はある。白とシルバーのモダンな外観。中に入ると、高い位置にあるいくつもの窓から空が見えた。飛行機乗りを目指して学んだ少年たちに思いをはせるのにふさわしい建物だ。しかし、大空に憧れてここへやってきた彼らが歩んだ道は厳しいものだった。

この地に「霞ヶ浦海軍航空隊」が置かれたのは、一九二二(大正一一)年のことだ。横須賀《よこすか》、佐世保《させぼ》に続く日本で三番目の海軍航空隊で、軍港ではない地域に設置されたのは初めてのことだった。もともと開拓地だった土地に広大な飛行場が造成され、多くの軍人が在隊するようになると、周辺には商店や飲食店、旅館などが次々と建つ。鉄道も敷かれて、農村地帯だった阿見は、海軍の町へと姿を変えていった。

そんな中、横須賀から予科練が移転してくる。一九三九(昭和一四)年のことである。予科練とは海軍飛行予科練習生およびその制度の略称で、一四歳半から一七歳までの男子を選抜し、搭乗員としての基礎訓練を行った。

一九三〇(昭和五)年から終戦までの一五年間で約二四万人が練習生となり、約二万四〇〇〇人が戦地に赴いた。うち戦死者は約一万九〇〇〇人で、戦死率は八割に及ぶ。予科練出身者には特攻作戦に従事させられた者が多かったことは知っていたが、この数字はやはり衝撃的だ。

航空機による最初の特攻は、一九四四(昭和一九)年一〇月、フィリピンのマバラカット基地から飛び立った敷島《しきしま》隊の五名によって行われたが、そのうち四名が予科練出身者だった。それから終戦に至るまでの間、特攻によって戦死した予科練出身者は約二八〇〇名。そのほとんどが一〇代後半から二〇代だった。厳しい訓練に耐えた若者たちが、生きて帰る見込みのない不合理な作戦に従事することになったのだ。

そんな彼らを見つめ、交流してきたのが地元の人たちである。練習生たちは、外出の許される日曜日になると、指定食堂で好きなものを食べ、商店で買い物をした。それは、制限の多い生活の中で、のびのびとくつろぐことのできる貴重な時間だった。

予科練の記録を将来に残そうと、阿見町に記念館ができたのは二〇一〇(平成二二)年のことだ。練習生たちの制服や持ち物、家族に送った手紙など約二〇〇〇点を常設展示し、現在も資料の収集や調査を行っている。また、予科練出身者のインタビュー映像の記録や講演などの活動にも力を入れている。

少年たちが憧れた「七つボタン」の制服

戦争の矛盾を生きることになった若者たちは、どのように学び、暮らし、そして戦ったのか。この記念館は、彼らの軌跡を通して、戦争とは何かを現代に問いかけている。

予科練を有名にしたのは、なんといっても一九四三（昭和一八）年に公開された映画『決戦の大空へ』だろう。この頃すでに戦局は悪化し、海軍では採用人数を大幅に増やして搭乗員を速成する必要に迫られていた。陸軍と海軍での人材の取り合いもあり、この映画はプロパガンダとして製作された。〈若い血潮の予科練の七つボタンは桜に錨《いかり》〉と歌い出される西條八《さいじょうや》十《そ》作詞、古関裕而《こせきゆうじ》作曲の主題歌「若鷲《わかわし》の歌」は大ヒットし、七つボタンの制服は少年たちの憧れの的となった。私はこれまで戦時中に少年時代を過ごした男性に話を聞く機会がしばしばあったが、予科練に憧れていたという人は多かった。

記念館のエントランスホールには、訓練や学業に励む練習生たちの大きな写真が掲げてある。撮影は『筑豊のこどもたち』や『古寺巡礼』などで知られる土門拳。土門は一九四四（昭和一九)年六月に予科練を訪れ、練習生たちと起居をともにしながら撮影した。

予科練に関する書類や写真の多くは戦後に焼却されたが、持ち主の練習生が入院中だったため処分をまぬがれた写真四二点が奇跡的に残っていたという。当時被写体となった訓練生によれば、土門はポーズをつけた、いわゆる「やらせ」の写真を撮ることは一切なかったそうだ。

### 厳しい訓練と高度な座学

ホールを抜けると、「入隊」から「特攻」に至る七つのテーマに分かれた展示室がある。教室の内部や居室の一部が再現された「訓練」の部屋を見ると、練習生たちの日課の厳しさがわかる。朝の「総員起こし」に始まり、夜の就寝状況をチェックされる「巡検」まで分刻みの生活である。

「入隊早々、バッターの洗礼を受けました。あれは本当にブルった」と話すのは、一九四四(昭和一九)年に練習生となった戸張礼記《とはりれいき》さん(一九二八年生まれ)だ。バッターとは「軍人精神注入棒」で尻を思いきり叩かれることである。

夜は吊り床(ハンモック)で寝るが、一分以内に棚から取り出して吊り終えなければいけない。少しでも遅れると、バッターが待っていた。分隊対抗の一万メートルマラソンでは、脱落者が出ると、総員バッターといって全員が叩かれる。一分間にモールス信号八〇字を送受信しなければならない無線通信の訓練でも、一文字間違えるごとにバッター一回と決まっていた。

水泳、射撃、カッター(短艇)などの訓練に明け暮れる毎日。中でも戸張さんが忘れられないのは、軍艦の舷側の高さにあたる五メートルからの飛び込みだ。

「その高さからだと、水面に身体が当たるとき、ものすごく痛い。ハラワタが飛び出るかと思いました」

土門拳が撮影した飛び込み訓練の写真が残っているが、

練習生たちが寝たハンモックの再現

たしかにオリンピック競技を思わせるような高さで、最初に飛び込むときはさぞ勇気が要っただろう。

予科練はあくまでも「予科」であり、搭乗員としての基礎的な知識は学ぶが、実際の飛行訓練は行わない。飛行機に乗って操縦を学ぶのは、本科に相当する過程である「飛行術練習生」になってからだ。だが、滑空機(グライダー)に搭乗しての訓練は行われた。空を飛ぶことのできるグライダー訓練を練習生はみな楽しみにしていたが、戸張さんによれば、なかなか順番が回ってこず、乗ることができたのは、訓練一六回につき一回くらいだったという。

座学は普通学と軍事学に分かれていた。普通学とは旧制中学で学ぶ一般科目のことで、中でも数学や理科は旧制高校(現在の大学一、二年にあたる)レベルの高度な内容だった。

5メートルの高さからの飛び込み訓練(撮影:土門拳,提供:予科練平和記念館)

記念館には、課業の時間割や使用された教科書、机などとともに、実習生たちが家族に送った手紙が展示されている。その中にこんな文面があった。

〈今朝お手紙拝見いたしました。母さんの手紙を読んで何から書いてよいやら。内容を見ている中に思わず涙が出てしまって、便所へ行って読みました。読み終わった後の嬉しさ、力強さ、手紙を書いている現在でもはちきれるばかりの元気です。霞ヶ浦の沖に向って声を一杯ワァーッと叫びたいような気持です〉

練習生は現代なら中学生から高校生の年齢で、ほとんどが親元を離れて生活するのは初めてだった。入隊時には便所で泣くような子どもっぽさを残していた彼らだが、そのわずか数年後、戦場に出ていくことになる。

「人も飛行機も唯《ただ》消耗品なのです」

予科練の課程を終えた練習生たちは、進路別に新たな訓練基地へ向かい、操縦、偵察などの専門教育を受けた。

たとえば、記念館に資料が残っている甘道二三夫《かんどうふみお》さん。一九四一（昭和一六）年に一六歳で予科練に入り、一年半後に卒業して徳島県の小松島海軍航空隊へ。ここで水上機操縦の訓練を受け、一九四四（昭和一九）年四月から零式水上偵察機の搭乗員として潜水艦に勤務した。同年七月、サイパン島東方での作戦で戦死。このとき一九歳で、予科練を卒業してまだ二年もたっていなかった。

館内には、予科練出身で神風特別攻撃隊第五神剣隊の一員だった茂木《もぎ》三郎さんが母親に遺した言葉が展示されている。茂木さんは一九四五(昭和二〇)年五月、沖縄で戦死した。甘道さんと同じ一九歳だった。

〈僕はもう、お母さんの顔を見られなくなるかも知れない。お母さん、良く顔を見せて下さい。しかし僕は何《な》んにもカタミを残したくないんです。十年も二十年も過ぎてからカタミを見てお母さんを泣かせるからです。お母さん、僕が郡山を去る日、自分の家の上空を飛びます。それが僕の別れのあいさつです〉

予科練出身者が辿った運命からは、優秀な少年を短期間で搭乗員に仕立て、次々と戦場に投入していった戦争末期の日本軍のあり方が浮かび上がってくる。

記念館に隣接する自衛隊駐屯地にある「雄翔館《ゆうしょうかん》」には、一九四五(昭和二〇)年四月に特攻隊員として沖縄に飛び立ち、戦死した吉田勇助さんの資料がある。

彼は両親に宛てた手紙の中で〈時局ですが極めて容易ならざる現在、飛行兵である自分は如《い》何《か》にしても此《こ》の戦争で死なねばならぬ人間です。無論自分も先輩の様に笑って自爆していきます〉と国のために死ぬ覚悟を述べつつ、一方で〈人も飛行機も唯消耗品なのです〉と書いている。

この〈消耗品〉という言葉を見たとき、胸を衝かれる思いがした。私事にわたるが、私の父も飛行機乗りを目指した少年だった。海軍の予科練に対して、陸軍には少年飛行兵学校があり、両者は競って若者たちを募った。父が大分の少年飛行兵学校に入ったのは終戦前年、一五歳のときである。練習機はすでに払底し、爆撃された滑走路の穴埋めばかりしていたそうだ。

その父が、晩年、特攻隊員として出撃する先輩たちの飛行機を見送ったときの話をしたことがある。そのうちの一機が、離陸して数分後、基地からまだ見えているうちに墜落した。練習機を改造した、見るからにオンボロの飛行機だったという。

この事故で亡くなったのは、父が慕っていた先輩だった。あんなに優秀で立派な人がなぜ、まともな飛行機も与えられずに死ななければならなかったのか——八〇代になっていた父は、そう言って涙を流した。

戦争末期の日本軍は、高い能力を持ち、国のために戦おうと厳しい訓練に耐えた若者たちを、こうして失っていったのだ。

## 飛行機にさえ乗れずに死んでいった若者たち

一九四五(昭和二〇)年、日本全土に大規模な空襲が始まると、各地の航空基地も大きな被害を受けるようになる。練習機さえ特攻に使う状況となった海軍は、この年の三月一日をもって飛行練習生教育を中止した。

私が話を聞かせてもらった戸張さんは「前年六月に入隊した私たちは、それから一〇か月たらずで各地の航空隊に分かれ、特攻訓練を受けることになりました」と話した。

青森県の三沢海軍航空隊を経て、大湊《おおみなと》海兵団に転属した戸張さんに課せられたのは、飛行機による特攻ではない。彼らのための飛行機はもうなかった。

では何をすることになったのか。

「海岸に穴を掘り、爆雷を抱いて待つ。敵の戦車が来たら、その下に飛び込むんです」

土竜《もぐら》作戦と呼ばれた、本土決戦用の特攻作戦である。訓練は各地の部隊で行われ、要員には教育が中止された後の予科練生が充てられた。

「飛行機乗りになるはずが、戦車に踏み砕かれて死ぬのか、と思いました」

結局、米軍が上陸してくることはなく、戸張さんはそのまま青森県で終戦を迎える。戦後は茨城県の中学校で理科の教師となった。

戦争末期、多くの飛行機を失い、製造も困難になった海軍は、さまざまな特攻兵器を開発した。航空機に搭載され、切り離されたあとはロケット燃料で飛行する「桜花《おうか》」、魚雷の中に人間が入って操縦する「回天《かいてん》」、舳先《へさき》に爆薬を積んだモーターボート「震洋《しんよう》」、簡易潜水服に身を包んで海底にひそみ、上陸してくる舟艇《しゅうてい》の底を棒付きの機雷で爆破する「伏龍《ふくりゅう》」――。土竜作戦もこうした切羽詰《せっぱ》まった末に考え出された作戦のひとつである。

どれも体当たりが前提の特攻兵器で、多くの予科練出身者が搭乗員として配置され、命を落とした。開発を急いだため訓練中の事故が多く、戦果もほとんど上がっていない。

飛行機による特攻が非人間的な作戦であることは言うまでもないが、その飛行機にさえ乗れずに死んでいった若者たちもいたのだ。

予科練を知ることで見えてくるのは、日本という国が、若者たちの生命をいかに安く見積もっていたかということだ。

練習生たちと同世代で、終戦のとき一九歳だった詩人の茨木のり子は、若者たちを死なせた国家への怒りをこめてこううたっている。

樫の木の若者を曠野にねむらせ
しなやかなアキレス腱を海底につなぎ
おびただしい死の宝石をついやして
ついに
永遠の一片をも掠め得なかった民族よ

記念館からの帰路、戦死率八割という数字を思い、あらためて怒りが湧いた。若者の能力を戦争のための資源と考え、その生命を消費することは、二度とあってはならない。

（「ひそかに」より）

# 戦没画学生慰霊美術館 無言館
──遺された絵が語りかける青春の美術館

〒386-1213
長野県上田市古安曽字山王山 3462

## 画家を夢みた戦没学生たち

JR上田駅から二〇分ほども走っただろうか。ゆるやかな坂道を上り、車は駐車場に着いた。丘の上に建つ無言館《むごんかん》は、どことなくヨーロッパの教会を思わせる外観で、木立の中に清楚なたたずまいを見せていた。

ここに来るのは三度目である。一度目と二度目は上田駅からバスで来た。坂の下のバス停で降り、遊歩道を歩いて上ったのだった。

無言館が建っているのは山王山《さんのうやま》の頂《いただき》だが、山というより丘というほうがふさわしい、おだやかな地形である。上りきると、木々の間から上田市の街並みが見え、遠くに菅平《すがだいら》の稜線がかすんでいた。

ドアを押して中に入る。最初に目に入るのは、傷みの激しい肖像画だ。服装から飛行兵だとわかるが、画布には横に何本も亀裂が入り、全体に絵の具がはがれ落ちている。

作者は大貝彌太郎《おおがいやたろう》さん。東京美術学校(東京藝術大学美術学部の前身)の油画科を卒業し、戦時中は長崎地方航空機乗員養成所に美術教師として勤務していた。この養成所の隣には海軍の飛行場があり、特攻隊員もいたという。

絵は顔の大部分が剝落しているが、向かって右の眼は、ほぼ無傷で残っている。少しまぶたを伏せた、静かなまなざし。絵と向き合うと、八〇年近い歳月を超えて、この兵士から見つめられているような気持ちになる。

傷んでいるのは、巻いた状態で長くしまわれていたからだという。ひびわれた画布と、色彩が失われた兵士の姿は、あらゆる戦争が若者にもたらす傷、そして死を象徴しているかのようだ。

一九九七(平成九)年に開館した無言館は、戦没画学生の慰霊美術館として建てられた。展示されているのは、美術の道を志しながら、日中戦争や太平洋戦争で命を落とした若者たちの作品や遺品。それらは、画家で東京藝術大学名誉教授だった故・野見山暁治《のみやまぎょうじ》さんと、戦前の夭折画家のデッサンを集めた信濃デッサン館(現在は「KAITA EPITAPH 残照館」)館主の窪島《くぼしま》誠一郎《せいいちろう》さんが、遺族を訪ねて預かったものだ。建築資金の半分近くは、趣旨に賛同した全国の人々からの寄付によってまかなわれたという。

旧制の大学、高等学校、専門学校の学生・生徒に認められていた徴兵猶予が停止され、理工系や医学系などを除く学徒が陸海軍に入隊したのは、一九四三(昭和一八)年一〇月のことだ。

正確な人数は伏せられたが、一一万人から一三万人といわれている。その中には、画家になることを夢見ていた学生も含まれていた。

学徒出陣といえば、雨の中で行われた明治神宮外苑での壮行会を思い浮かべる人が多いのではないだろうか。

「あの場に私もいたのよ。雨の中で、日の丸を振った。あのときまだ女学校の一年生だったけれど、私も、旗を振って男たちを戦場に送った女の一人だったんです」

そう私に話してくれたのは、評論家の故・吉武輝子《よしたけてるこ》さんだ。亡くなる二年前の二〇一〇(平成二二)年、戦争体験についてインタビューをしたときのことである。

彼女はこう続けた。

「私だけでなく、どんな女性も二度と、あんなふうに旗を振ってはいけない、絶対に」

そして、無言館の話をしてくれたのだった。

気持ちが落ち込んだり、疲れてしまったときは、無言館に行くのだと吉武さんは言った。

「そりゃあ若いからみんな未熟な絵よ。でも彼らが生きて描き続けることができたら、そう、五〇代や六〇代になったら、素晴らしい作品を描いたかもしれない。そう考えると、なんともいえない気持ちになります。そして、どんなに疲れていても、生きている限り、私は私にできることをやろうっていう気になるの」

吉武さんはこのとき七九歳。いくつもの病気を抱え、部屋には酸素吸入のためのボンベがあった。このインタビューのあと、私ははじめて無言館を訪ねたのだった。

## 妹を描いて出征、二三歳で戦病死

今回もまた、無言館は静かだった。連れだって来ていても、話をする人はいない。一枚の絵をずっと見つめている人がいる。私もいくつかの作品の前で長い時間を過ごした。展示されている中で特に多いのは人物画である。モデルのほとんどが、家族など身近な人たちだ。

ういういしい少女を描いた絵があった。髪を三つ編みにし、浴衣を着てしゃがんでいる。やさしい色彩の日本画で、保存状態もよい。描いたのは東京美術学校日本画科で学んだ太田章《あきら》さん。一九四二(昭和一七)年九月に繰り上げ卒業して翌年に入営、一九四四(昭和一九)年五月に満洲で行軍中に戦病死した。斥候《せっこう》に出て伝令の任務を果たし、その場で倒れたという。死因は栄養不足と疲労による脚気衝心《かっけしょうしん》(急性心身衰弱)とされる。二三歳の若さだった。

絵の中の少女は妹の和子さんだ。太田さんとは四つ違いで、このとき一八歳。兄の絵のモデ

太田章「和子の像」(提供：無言館)

ルをつとめる緊張が、横顔と、少しぎこちないポーズにあらわれている。無言館に寄託されるまで、和子さんがずっと大切に手元に置いてきた絵だという。

「この絵はやさしかった兄が私にのこしてくれた唯一の贈りものなんです」と和子さんは語っている（窪島誠一郎『無言館　戦没画学生「祈りの絵」』講談社より）。

足もとは庭下駄なので、おそらく自宅の庭なのだろう。戦争の悲惨さと対極にあるような、清楚で美しい絵を遺して兄は出征した。家族が暮らす家のいつもの庭で、描き描かれる兄妹の時間は、どんなにかけがえのないものだったろう。

太田さんの父は腕利きの友禅染の職人で、最盛期には日本橋の家に二〇人もの弟子を住まわせていた。長男として生まれた太田さんは、旧制中学の四年を修了した時点で東京美術学校の日本画科にストレートで合格、将来を嘱望されていた。父は太田さんの出征中、彼の作品を大切に守り、空襲警報のたびに防空壕に運び込んでいたという。

## 妻が五〇年間、自室に飾っていた絵

館内には、戦地から家族のもとに送られた手紙も展示されている。私が心をひかれたのは、妻と二人の子どもを残して亡くなった佐久間修さんが、家族に宛てた葉書である。

東京美術学校の油画科を出て熊本県立宇土《うと》中学校教諭となった佐久間さんは、すでに学生ではなかったが、画家を目指す途上で亡くなったこうした人たちの作品も無言館には展示されている。

佐久間さんは、生徒を引率した勤労動員先の第二一海軍航空廠《こうくうしょう》(長崎県東彼杵《ひがしそのぎ》郡大村町、現在の大村市)で、B29の直撃弾を受けて死亡した。二九歳だった。

妻子に近況を知らせる生前の葉書には、飛行機の絵が描かれている。航空廠で自分が毎日見ている飛行機を、幼いわが子にも見せてやりたかったのだろうか。

展示されている佐久間さんの作品は、油彩画とデッサンが一点ずつ。どちらもモデルは妻の静子さんだ。油彩画の静子さんは、大きな目でじっと正面を見つめている。デッサンは佐久間さんが初めて描いたという裸婦で、これを遺言がわりに佐久間さんは亡くなった。この二点は、

佐久間修「静子像」(提供：無言館)

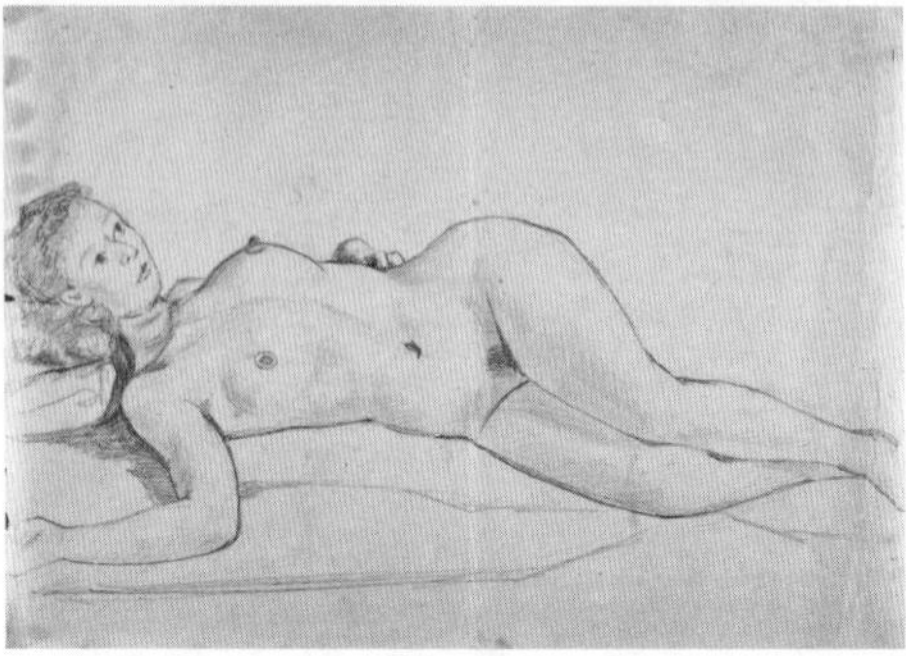

佐久間修「裸婦」(提供：無言館)

静子さんが戦後五〇年間、自室に飾っていたものだという。

## 未完の絵が語るもの

戦地から妻に七〇〇通を超える便りを送った人もいる。東京美術学校の日本画科を卒業し、三越百貨店美術考案部で働いた前田美千雄《みちお》さん。妻の絹子さんからの巻物のように長い手紙を読む自分の姿がユーモアたっぷりに描かれた絵入りの手紙が目をひいた。

前田美千雄さんの手紙

前田さんは、絹子さんと婚約中だった一九三八(昭和一三)年に応召《おうしょう》し、中国各地を転戦した。一九四二(昭和一七)年一二月に召集解除になり、ようやく結婚したものの、一九四四(昭和一九)年一月に再召集され、フィリピンの戦場におもむく。わずか一年の結婚生活だった。

フィリピンから送られたおびただしい数の葉書には、現地の風物や人々の暮らしなどが軽妙なタッチでスケッチされ、近況が綴られている。絹子さんは手紙や葉書をすべてスーツケースに入れ、空襲のたびにそれを抱えて防空壕に逃げ込んだという。

あたたかな便りを送り続けた前田さんは、一九四五(昭和二〇)年八月五日頃、フィリピンで戦死した。三一歳だった。

完成に至らないまま描き手が出征した作品もある。日高安典《ひだかやすのり》さんの「裸婦」。画面の中央に若い女性が立ち、きりりとした横顔を見せている。

日高さんは東京美術学校の油画科を一九四一(昭和一六)年一二月に繰り上げ卒業し、翌年に入営。一九四五(昭和二〇)年四月、ルソン島バギオで戦死した。二七歳だった。

応召の日、日高さんはぎりぎりまで自室にこもってこの絵を描き続けた。モデルの女性は恋人で、日高さんは彼女に、生きて帰ってきたら必ず続きを描くからと言い残して戦地に発ったという。

完成への途上にあるまま、いまも存在し続ける絵。同じように、彼の才能も人生もまだ途上にあった。この絵の前に立つと、そのすべてが断ち切られたことの理不尽さが胸に迫る。

無言館は十字の形をしていて、中心の床が少しだけ高くなっている。そこに立って見回すと、若者たちがみな「美しいもの」を描いて出征していったことがわかる。

無言館の館内

恋人や妻の裸像。父母や妹の姿。ふるさとの山や田畑、街角。そうしたものを、いま自分が生きている証として画布に定着させようとしたのだ。

ここは追悼のための美術館であると同時に、青春の美術館でもある。どの一枚をとっても――未完に終わった作品でさえ――若々しいエネルギーに満ちている。それは、描くということの純粋な喜びからきているのだろう。死者たちの遺品としてではなく、青春の時間の中で描かれた絵として、彼らの作品と出会ってほしい。

# 周南市回天記念館
## ──若者を兵器として扱った「人間魚雷」の実態

〒745-0057
山口県周南市大津島 1960

## 魚雷《ぎょらい》と人間が一体となった兵器

前夜から降り続いた雨がようやく止み、わずかに空が明るくなってきた。徳山港を午前一〇時四〇分に出発したフェリーは、大津島《おおづしま》に向かって進んでいる。一〇分ほどすると、緑の島影が姿を現した。

大津島は、徳山港の南西沖一〇キロほどのところにある小島である。南北に細長い地形で、北から順に、瀬戸《せと》浜《はま》、刈尾《かりお》、馬島《うましま》の三つの港がある。私たちの乗ったフェリーは、予定より少し早い一一時一〇分過ぎに馬島港に着いた。

数人の乗客が車で走り去ると、小さな港に人はいなくなった。見ると、キジトラ猫が一匹、前足を揃え、フェリーに向かって行儀よく座っている。私たちが歩き出すと、途中までトコトコとついてきた。

下船してまず目につくのは、「ようこそ　回天の島　大津島へ」と書かれた大きな看板だ。この島は戦争末期に開発され、実戦に投入された人間魚雷「回天」の基地があったところなのだ。搭乗員たちはここで訓練を受け、戦地へと向かった。

大津島基地の開設は一九四四(昭和一九)年九月一日。その後、終戦までに光基地(山口県)、平生《ひらお》基地(同)、大神《おおが》基地(大分県)の三か所に訓練基地が作られ、広範囲に出撃拠点が設けられたが、当時の施設が残っているのは大津島だけである。

港を背にして坂道を上る。左手は山で、切り立った斜面に躑躅《つつじ》の赤い花がいくつも咲いている。右手は海だが、コンクリートの高い塀が続いていてほとんど見えない。かつては海岸近くに整備工場や兵舎があり、この坂道を通る島の住民からそれらが見えないようにするため、軍が高い塀を設けたのだという。

坂を上りきったところに回天記念館がある。門柱から建物の入口まで続く桜並木を歩いていたとき、左右の芝生にたくさんの銘碑が埋め込まれていることに気づいた。それぞれに姓名と出身県が彫ってある。回天による特攻作戦で亡くなった人たちのものだ。

回天は、潜水艦から発進して敵の艦船に体当たりする一人乗りの特攻兵器である。酸素を用いてエンジンを作動させる「九三式酸素魚雷」を改造したもので、人間魚雷の名の通り、魚雷の中に人間が入って操縦する。搭乗員は、海軍兵学校、海軍機関学校、海軍予備学生、飛行予科練習生の各出身者で構成された。

いったん発進すると、水圧のため内側からハッチを開けることはできず、また停止も後退もできない仕組みになっている。生きて帰ることは絶対に不可能な作戦だった。

並木道の中ほどを過ぎたあたりに「和田稔　静岡県」と刻まれた銘碑があり、思わず足を止めた。かつて私は、この人を取り上げた文章を書いたことがあったのだ。彼が家族に遺した手紙に心をひかれてのことだ。彼は東京帝国大学出身の海軍予備学生で、亡くなったときは二三歳の少尉だった。

和田稔少尉の銘碑

和田少尉は生前、両親と面会した際に、油紙に包んだ手帖を弁当箱の底に隠し、上に飯をかぶせて手渡した。手帖の中身は日記である。その中に両親にあてた手紙文があった。日付は一九四五（昭和二〇）年三月二六日。そこに、戦友が訓練中に亡くなったことが書かれている部分がある。

〈お父さん、三好という中尉が死にました。船の底をもぐりそこねてぶつかったのです。上のハッチから水が入って、二時間もして揚げられた時には、すっかりぐにゃんとして、顔は血だらけで死んでいました。回天艇をひっくりかえして水を抜いた時、ばかにさび色をした海の

水だと思ったのは、きっとその血が大分まじっていたんでしょう〉

この手紙を書いた四か月後、和田少尉もまた訓練中に命を落とす。戦争末期に開発された回天は完成度が低く、訓練中の事故が多かった。和田少尉の乗った回天は行方不明のまま終戦を迎え、九月半ばに基地近くの島に流れ着いた。

彼には妹がいた。若菜という名のその妹にあてた遺書にこんな一節がある。

〈若菜、私は今、私の青春の真昼前を私の国に捧げる。私の望んだ花は、ついに地上に開くことがなかった〉

和田少尉の遺稿集『わだつみのこえ消えることなく』(角川文庫)でこの遺書を初めて読んだときの、何とも言えない気持ちがよみがえった。彼の人生は、まさに〈青春の真昼前〉だった。学業優秀で家族思いだった彼が望んだ未来はどんなものだったのだろうか。

## 完成を急ぎ事故が多発

記念館の前庭には、回天の実物大レプリカが置かれていた。空はいつのまにか晴れわたり、眼下に見える海は青く輝いている。桜の枝の間を風が渡り、野鳥のさえずりが聞こえる中、黒い艇体は異様な存在感を放っていた。

回天の実物大レプリカ

外観はほとんど魚雷そのもので、違うのは真ん中あたりに出入口のハッチがあることと、操縦席があるために胴が太く、ややずんぐりした形をしていることくらいだ。回天は、九三式酸素魚雷を中央部で二つに分割して人間の乗るスペースを作ったもので、九三式酸素魚雷の直径が六一センチメートルなのに対し、回天は操縦席付近の直径が一メートルある。

海軍には魚雷艇と呼ばれる舟艇があるが、これは魚雷を装備した高速のモーターボートで、人間魚雷とはまったく別のものだ。海軍の分類では、回天はあくまでも兵器であって舟艇ではない。舟艇は人や物を運ぶためのものだが、回天は乗り物ではなく、それ自体が兵器なのだ。

回天の設計が出来上がったのは一九四四(昭和一九)年四月。このときすでに設計図に脱出装置はなく、搭乗員は兵器の一部とみなされていたことになる。

同年七月、三機の試作機が完成し、試運転が行われた。その際、潜水艦の耐圧深度が約一〇〇メートルであるのに対し、回天は八〇メートルしかないことが判明した。また、一旦停止や後退、エンジン停止などの機能はなく、誤って海底に突っ込んだり海岸に乗り上げたりすれば、そのまま動けなくなることもわかっていた。

だが、設計や製作をやり直す余裕はないと判断され、試運転のときのままの性能で、八月一日付で海軍大臣から正式に兵器として承認された。その結果、一か月後の九月一日から始まった訓練では事故が多発し、一五名が訓練中に亡くなっている。

最初の出撃(菊水隊一二名)は一一月八日。回天は操作手順が煩雑で操縦は非常に難しかったというが、二か月という短い訓練期間で実戦に投入された。

## コックピットを精巧に再現

記念館は平屋のシンプルな建物である。中に入ると、まず日本が太平洋戦争へ突き進んだ過程や戦局の悪化がパネルで説明され、続いて戦争末期の回天の開発、搭乗員の募集、基地での生活、訓練そして出撃へと展示が進んでいく。

中央にあってひときわ目を引くのは、回天の内部がわかる模型である。コックピットが精巧に再現されていて驚かされた。これは、二〇〇六(平成一八)年に公開された映画『出口のない

回天の内部を再現した模型（1.25 倍拡大）

海』で使用されたロケセットなのだという。

　撮影のために実物の一・二五倍の大きさで作られているというが、それでもコックピットの狭さと圧迫感は、実際に目にすると衝撃的だ。これではわずかな身動きもままならなかっただろう。

　記念館の図録の解説によれば、回天が突入する際、目標艦の側面にほぼ直角にぶつかれば、確実に信管《しんかん》が作動するが、浅い角度でぶつかった場合は作動しないこともあった。そのため、衝突の衝撃で搭乗員の体が前のめりになることで信管のスイッチが入り、自爆する仕組みになっていたという。

　突入前に機器のトラブルが起こり、回天が動かなくなった場合も、搭乗員がみずから信管のスイッチを押して自爆すると定められていた。秘密兵器とされていた回天が相手側の手に渡ることや、搭乗員が捕虜になることを防ぐためである。

私はそれまで、回天について資料を取り寄せて調べたことがあったし、搭乗員の手記も読んできた。だが、こうしてくわしい仕組みを知り、実物を再現したものを目の当たりにすると、人間を人間としてではなく、徹底して兵器として扱う思想に、あらためて戦時の狂気を見る思いがした。

回天作戦で亡くなった若者たち

## 戦死者の平均年齢は二〇・九歳

館内には、回天作戦で亡くなった人たちの遺影が壁一面に掲げられたスペースがある。戦死した搭乗員は一七歳から二七歳までの一〇六人。平均年齢は二〇・九歳という若さである。そのほかに整備員や基地員など三九人が亡くなっている。また、作戦を行う水域まで回天を運ぶ潜水艦の八隻が未帰還で、その乗組員を加えると戦死者は全部で九五六人になる。戦果はというと、図録によれば、米軍の資料で確認できる被害は、沈没が三隻、損傷が四隻だという。

ここで私は、日記や遺書の文章でしか知らなかった和田稔少尉の写真と初めて対面した。その面差しは痛々しいほど若い。

もう一人、かつて遺書を読んで胸を打たれた搭乗員を遺影の中に見つけた。塚本太郎少尉。慶應義塾大学出身の海軍予備学生で、一九四五(昭和二〇)年一月、西太平洋カロリン諸島ウルシー環礁《かんしょう》海域で敵艦に向かって出撃し亡くなった。

彼は出撃前に東京の自宅に戻ったとき、父親が経営する広告会社にあったレコード盤製作機を使って自分の遺言を録音した。ここではその音声を聞くことができる。

遺書の現物も展示されていた。そこには〈御両親の幸福の条件の中から太郎を早く除《のぞい》て下さい〉という一節がある。塚本少尉にとって自分の死よりも苦しいことは、両親、とくに母親が自分のために悲しむことだった。

辺見じゅん『戦場から届いた遺書』(文春文庫)で知ったことだが、彼が遺した手帖には「特攻隊」というメモがあり、そこには〈壕《ごう》ヲ埋メタ屍《しかばね》ガ無ケレバ城ヲ攻落スルコトハ不可能ダ〉〈愛スル人々ノ上ニ平和ノ幸ヲ輝シムル為ニモ〉などの走り書きに続いて〈母ヲ忘レヨ〉の文字があったという。別のページには〈俺ノ母親ハ日本一ダ〉と書かれていた。

東京の実家から大津島の基地に戻るとき、彼は母親が着ている着物を見て「その着物で僕の座布団を作ってくれませんか」と頼んだ。目的は言わず、腰掛け用の小さなものを、と注文したそうだ。

母が作った座布団とともに海に沈んだとき、塚本少尉は二一歳三か月だった。一〇歳離れた弟への遺書に、彼は〈兄貴ガツイテキルゾ　頑張レ　親孝行ヲタノム〉と書いている。

### 海岸に残る訓練基地跡

館内を見学したあと、海岸に向かった。回天が実戦のために出撃した桟橋はもうないが、訓練に使われた基地の跡が残っている。もともとは九三式酸素魚雷の発射試験場があったところである。

訓練基地までは、長さ二四七メートルのトンネルを通っていく。高さは約四メートルあり、上部や水抜き穴のある側面は当時のままの状態だという。戦時中、訓練用の回天はトロッコに乗せられ、整備工場から訓練基地まで、このトンネルを通って運ばれていた。レールは撤去されているが、その跡が現在も一部残っている。

トンネルを抜けると、瀬戸内海の静かな海が、初夏の日差しを受けてきらめいていた。この美しい海で、若者たちは死ぬ訓練をしていた。その対比を思うと、戦争の残酷さと理不尽さが胸に迫る。

昇降クレーンの基礎跡

基地は海に突き出していて、その基礎は、複数のケーソン（箱形の中空のコンクリート構造物）を海中に設置して造られている。貴重な遺稿であることから、土木学会の選奨土木遺産に認定されているという。ここまで運ばれてきた回天は、クレーンで釣りあげられて海に下ろされた。

足もとを見ると、そのクレーンの基礎部分が残っていた。いま私が立っているコンクリートの床面を、彼らも確かに踏んだのだ。風化させてはいけない歴史があることを、あらためて胸に刻んだ。

コラム

# 戦跡を訪ねて

## ——土地は歴史を記憶する

東京都小笠原村硫黄島

## 硫黄島

### 太平洋戦争末期の激戦地

東京の南一二五〇キロの洋上に浮かぶ、東西八キロ、南北四キロの火山島。一九四五年二月一九日、米軍約七万人が上陸作戦を開始、日本軍守備隊との激戦は三六日間に及んだ。

「戦跡」と呼ばれる場所を訪ねたのは、二〇〇四(平成一六)年の硫黄島《いおうとう》が最初である。小笠原諸島に属し、世田谷区の半分ほどの面積の硫黄島は、太平洋戦争末期の激戦地で、日本軍二万一一五二名のうち二万一一二九名(軍属として徴用された島民八二名含む)が戦死した。戦死率は約九五パーセントにのぼる。戦後の一九六八(昭和四三)年までアメリカの占領下に置かれ、返還後も海上・航空自衛隊の基地があるのみで、一般の住民はいない。

当時の私は、この島の総指揮官だった栗林《くりばやし》忠道《ただみち》中将の評伝のための取材をしており、硫黄島戦の戦没者の慰霊祭に同行したのだった。そのとき、この日本にこんな場所があったのかと衝撃を受けた。

島の中心に飛行場があり、その近くに自衛隊の基地庁舎と宿舎、体育館が建っている。島を一周する道路はあるが、施設や建物はそれだけだ。一方で、砲台の跡や崩れかけたトーチカ、地下壕などが点在し、引き潮になると、西側の海岸には朽ちた沈船が姿をあらわす。戦後、普通の暮らしが営まれたことのないこの島では、タイムカプセルのように戦場の風景が残されているのだ。

硫黄島．戦闘の遺物が多く残る

残されているのは風景だけではない。私が訪れた当時、この島で亡くなった兵士たちのうち、約一万三〇〇〇名の遺骨が見つかっていなかった。遺骨収集は行われていたが、戦闘中に入口をふさがれた地下壕に閉じ込められた遺骨が多く、見つけることは困難だ。現在も約一万の遺骨が地下に眠ったままになっている。

硫黄島には大きな船が接岸できる海岸がなく、基本的に空路で訪れるしかないが、その飛行機が発着する飛行場の滑走路の下にも遺骨が埋まっている。

戦時中、飛行場を奪取した米軍は、死守しようとした日本兵の遺体を回収しないまま、本土攻略に向けた滑走路の整備・造成を急いだ。島の返還後、飛行場を引き継いだ自衛隊は、米軍の滑走路を少しずらした位置に新しい滑走路を建設した。その際、一帯の三三か所を掘り、できる限り遺骨を収集したが、まだ多くが埋まっているはずだという。

この島を訪れる者はみな、遺骨を踏んで降り立つしかないという事実に、当時の私は衝撃を受けたが、考えてみればそれは飛行場だけではない。一万以上の遺骨が地下に置き去りにされたこの島を歩くことは、それがどこであっても、骨の上を歩くことなのだ。

島でもっとも高い場所は、南端にある摺鉢山《すりばちやま》である。戦闘の終盤、この山の頂上に、米軍は占領のしるしとして星条旗を立てた。軍に同行していたカメラマンのジョー・ローゼンタールがその瞬間を撮影した写真はピュリッツァー賞を受け、戦後には巨大なブロンズ像となってワシントン郊外のアーリントン国立墓地に建立された。

摺鉢山の頂上からは、一九四五(昭和二〇)年二月一九日に米軍が上陸してきた海岸を見おろすことができる。火山島特有の黒砂の海岸である。

その砂浜を歩いたとき、案内してくれた自衛隊員が、黒砂の中に白いものを見つけたら教えてくださいと言った。骨のかけらかもしれないので、と。

上陸作戦の際、この砂浜で、日本軍の狙撃によって多くの米兵が命を落とした。遺体はすべて米国に帰ったが、骨の一部がいまも見つかることがあるのだという。

この島で亡くなったのは日本兵だけではなかったことに、いまさらながら思い至った。ここは、六八二一名の米兵が斃《たお》れた場所でもあったのだ。

## 民間人の悲劇が起きた サイパン島

一九四四年六月一五日、当時日本の委任統治領だったサイパン島に米軍が来攻。七月六日に日本軍の組織的戦闘は終結したが、島には約二万人の日本人が残っていた。

硫黄島訪問から三年後、私はサイパン島の北端にある、バンザイクリフと呼ばれる崖の上に立っていた。一九四四(昭和一九)年七月七日、米軍に追われて北へ逃げた日本人の住民はここに追いつめられ、一〇〇〇人を超える人たちが断崖から身を投げた。その多くが女性や子どもだった。

私が取材した沖縄出身の女性は当時六歳で、一六歳だった姉が自分の目の前でここから飛び降りたと話した。本人は、はぐれた父親がどこかで生きていて自分たちを捜していると信じ、飛び降りることを拒否した。姉は海面に浮かんできたところを、崖の真下の洞窟に潜んでいた

サイパン島．バンザイクリフの崖上で海の方を向く地蔵

日本兵に引き上げられて助かった。父親はすでに亡くなっていたことが、のちにわかったという。

崖の上に立つ大きな慰霊碑に手を合わせ、駐車場に戻る途中、少し離れた草むらに、自然石で作られたいくつもの小さな碑やお地蔵さんがあるのに気づいた。遺族が建てたと思われる素朴なものばかりで、風雨にさらされて文字が消えかけているものも多い。

Tシャツ姿の小柄な老人が、これらの碑に草花を手向けていた。英語で話しかけてみたら、日本語で答えが返ってきた。この島の先住民であるチャモロの男性で、近くに住んでいるので、ときどき祈りにやって来るという。

彼の父親は、日米の戦闘に巻き込まれて命を落としたそうだ。もともとサイパンはチャモロの人たちの島だった。平穏な生活を奪った者たちのために祈るのはなぜなのか。そう尋ねると彼は言った。

「ここで死んだ人たちの骨は、もうここにはない。だが、骨は持ち帰ることができても、血は持ち帰れない」

大地にしみこんだ血によって、自分たちの島と死者はつながっている。だから祈るのだという。

硫黄島で骨が埋まった土の上を歩いて以来、私は故郷に帰れずにいる遺骨のことを考えてきたが、土にしみた血に思いを致すことはなかった。だが、大地と分かちがたく結びついて暮らしている人々は、自分たちの土地で亡くなった人々と、こうして縁を結んでいる。

あの戦争のおびただしい死者を、私たちは日々、忘れていく。だが、はるか海の向こうで、異国の死者を、こんなふうに大切に思ってくれている人々がいるのだ。

## 沖縄
## 地上戦で二〇万人の命が失われた

一九四五年三月以降、約五四万の米兵が上陸。住民の犠牲も約一〇万人に上り、県民の四人に一人が命を落とした。

土にしみこんだ血について語ってくれた人がもう一人いる。沖縄を訪れたときに話を聞かせ

沖縄．首里に近い南風原町のナゲーラ壕

てくれた宮城《みやぎ》巳知子《みちこ》さんである。

沖縄戦のとき、首里《しゅり》高等女学校に通っていた宮城さんは、看護学徒として最前線に動員された。首里高等女学校の生徒で編成された「ずゐせん学徒隊」は、六一名中三三名が命を落としている。

「病院壕の中は負傷兵と死体でいっぱいでした。麻酔なしで足を切断される兵隊さんの手足を押さえる手伝いもしたし、動けない兵隊さんに毒薬を注射させられた人もいる。米軍が壕に毒ガスを注入し、あまりの苦しさに包帯で首をくくって死のうとした友達もいました」

米軍に追われ、宮城さんたちは三つの壕を転々とした。ナゲーラ壕、識名《しきな》壕、米須《こめす》壕。話を聞いた後、私はそれらの壕の跡を訪ねることにした。別れ際に宮城さんは言った。

「壕に入ったら、足元を見てね。そこには私の友人たちの血肉がしみているの」

宮城さんは、修学旅行で沖縄の戦跡の見学にやってくる中高校生を壕に案内するとき、かならずこの言葉をかけるそうだ。

東京の女子高校で戦争の話をしたとき、宮城さんのこの言葉を伝えた。すると、生徒たちがいっせいに息をのむ気配がした。ほとんどが沖縄には行ったことのない生徒だったが、体験の重さをたたえた当事者の言葉は、ひとの心を動かすのだ。

地下に埋まった骨も、土にしみこんだ血も、目に見えない。だが私は、硫黄島、サイパン、沖縄での経験から、かつて誰かが斃れた場所に立つことは、その死者と縁を結ぶことだと考えるようになった。土地は歴史を記憶していて、真摯に問いかければ必ず答えてくれる。

---

**地上の国境線があった島**
**サハリン(樺太)**

日露戦争後の一九〇五年から一九四五年まで、北緯五〇度以南は日本領だった。終戦時、約四〇万人の日本人が暮らしていたが、満州と同様、ソ連軍の突然の侵攻で逃避行を余儀なくされた。

---

その後も、かつて戦場だった土地を旅している。二〇一七(平成二九)年から二〇一九(令和

サハリン（樺太）．ロシアと日本の国境標石の台座

元）年にかけては、サハリン（樺太）を三度にわたって取材し、第二次大戦末期に日ソ中立条約を破ってソ連軍が侵攻してきた旧国境地帯や、ポツダム宣言受諾後の八月二〇日に上陸してきたソ連軍との激しい戦闘があった真《ま》岡《おか》（現ホルムスク）などを訪れた。

真岡は、郵便局の電話交換手の女性たちが、ぎりぎりまで通信を守った後で自決し、九人が亡くなるという痛ましい事件があった町である。

樺太は地上の国境線があった島だ。隣国による突然の侵攻、一般市民を巻き込んだ市街戦、女性や子どもが着の身着のままで町を逃れたことなど、真岡で起きたことは、二〇二二（令和四）年二月に始まったロシアによるウクライナ侵攻と共通する点がいくつもある。破壊されるキーウ（キエフ）の街や難民となった母子のニュース映像を見ながら、いまはすっかりロシア風の街並みになった真岡のことを思った。

戦跡を訪れることは私にとって、死者に会いに行くことだ。これまでいくつもの戦争に関する資料館や記念館、美術館を巡ってきたが、それもまた、展示物の向こうにいる死者たちと出会うための旅である。

いま生きている人の声だけを聞き、今日と明日のことのみを考えるとき、国も人も判断を誤ることがある。つねに過去をかえりみながら進むことが必要なのだ。

いまにつながる歴史を生きた先人たちの人生を知り、その声に耳を傾ける旅を、これからも続けていきたいと思う。

# 対馬丸記念館
## ——子どもたちを乗せて沈んだ疎開船の悲劇

〒900-0031
沖縄県那覇市若狭 1-25-37

## いまだに確定できない死者の数

那覇《なは》の市民海水浴場である「波の上ビーチ」にほど近い公園の中に対馬丸《つしままる》記念館は建っている。入口が外階段の上の二階にあるのは、タラップをのぼって対馬丸に乗船するというイメージで設計されているからだという。屋上までの高さは約一〇メートルで、海面から対馬丸の甲《かん》板《ぱん》までと同じだ。

対馬丸は、多くの子どもたちの命とともに海に沈んだ悲劇の疎開船である。終戦前年の一九四四(昭和一九)年八月二一日一八時三五分、沖縄の那覇港を出発。翌二二日の二二時一二分ごろ、トカラ列島悪石島《あくせきじま》の北西約一〇キロ地点で、アメリカの潜水艦ボーフィン号に撃沈された。対馬丸記念館が開館したのは、それからちょうど六〇年後の二〇〇四(平成一六)年八月二二日である。

対馬丸には、九州に学童疎開する子どもたち八三四名が乗っていた。うち七八四名が死亡し、生き残ったのは五〇名だけだった。九割以上の子どもが犠牲になったことになる。

この船には学童疎開の子どもたちだけではなく一般の疎開者も乗っており、乗船者の総数は一七八八名（船員・船舶砲兵隊員を含む）、そのうち一四八四名（同）が亡くなった。いかに大きな惨事だったかがわかる。

「ただし、これらの数字は確かなものとはいえないのです」

そう話すのは、対馬丸記念館の学芸員・外間《ほかま》功一さんだ。乗船名簿は見つかっておらず、犠牲者の人数は記念館による聞き取り調査をもとにしたものだという。もし名簿が見つかったとしても、出航当日に乗船を取りやめたり、駆け込みで乗り込んだりした人もいるため、実際の人数はわからない。

これほどの事件でありながら、乗船者や犠牲者の人数さえいまだに確定できないところに、対馬丸事件の悲しさがあると外間さんは言う。

「いまなら考えられないことですが、当時、きちんとした被害の実態調査がなされなかったのです。その理由は、ひとつには軍によって厳しい箝口令《かんこうれい》が敷かれ、被害が徹底して隠されたこと。もうひとつは、その後、民間人を巻き込んだ激しい地上戦が行われたことにあります」

外間さんがまず最初に話してくれたのが、死者たちの記録があいまいであることの理不尽さだった。

竣工三〇年の老朽貨物船

対馬丸が沈められ、多くの子どもが亡くなったことは、単なる疎開船の遭難事件ではない。沖縄全体が戦場となり、民間人が戦争に飲み込まれていく悲劇のはじまりだったのだ。

九死に一生を得て生還した人たちは、機密保持のため、撃沈を絶対に漏らしてはならないと軍から厳命され、真実を話せないことに苦しんだ。そして、安否を知らされないまま沖縄で不安な毎日を送っていた家族を「十・十空襲」と呼ばれる米軍の大規模な無差別爆撃が襲う。沈没から四九日目の一〇月一〇日のことだった。

朝から夕方まで五次にわたって飛行場や港湾などの軍事施設と都市部が爆撃され、那覇市の市街地のおよそ九割が焼きつくされた。そして翌一九四五(昭和二〇)年四月一日、米軍が沖縄本島に上陸し、住民を巻き込んだ地上戦がはじまるのである。

これまで訪れた戦争関連の記念館には、多くの遺品が展示されていた。だが、ここではそれが少ない。子どもたちが持っていた荷物は、持ち主と一緒に海に沈んだからだ。自宅に残っていたものも、空襲や地上戦でその多くが失われた。

だからこそ、残された数少ないもの——着物、下駄、通信簿、校章、教科書、筆箱など——のひとつひとつが、見る者の心に強く訴えかけてくる。きれいに皺《しわ》を伸ばしたキャンディの包み紙からは、大事に取っておいた女の子の気持ちが伝わってくるようだ。

特に心に残った遺品がある。ところどころが擦り切れた、ふたつのランドセルだ。持ち主は、外間美津子さん（当時一〇歳）と、悦子さん（同八歳）の姉妹。よく似た目元の、おかっぱ頭の女の子ふたりが並んで立っている写真が、ランドセルの傍《かたわ》らに展示されている。

姉妹は対馬丸に乗っていて亡くなった。ではなぜ、ランドセルが残されているのか。実は、対馬丸は単独で出航したのではなく、和浦丸《かずうらまる》、暁空丸《ぎょうくうまる》という疎開船と、二隻の護衛艦が一緒だった。そのうち対馬丸だけが魚雷の標的とされ、沈められたのだった。

外間美津子さん，悦子さん姉妹のランドセル

荷物が持ち主と同じ船に乗せてもらえるとは限らず、姉妹のランドセルは、対馬丸とは別の疎開船に積み込まれた。そのため、無事に長崎に着いたのだ。持ち主を失ったランドセルは戦後になって家族のもとに送り返された。受け取った母親は大きなショックを受けたという。

対馬丸の沈没は戦後になっても公にされなかった。そのため、美津子さん・悦子さん姉妹の母親は、一《いち》縷《る》の望みを捨てずにいた。だが、ランドセルだけが帰ってきたことで、それが絶たれたのだ。母親はこのランドセルを押し入れにしまい、三十三回忌がすむまで誰にも見せなかったという。

三隻の疎開船のうち、なぜ対馬丸が標的となったのか。対馬丸は一九一四（大正三）年に竣工した貨物船で、一九四三（昭和一八）年一〇月に陸軍に徴用された。一九四四（昭和一九）年八月一六日に、上海《シャンハイ》から第六二師団の兵隊を乗せて沖縄に向けて出航し、同一九日に那覇港に到着。その二日後、今度は疎開者たちを乗せて出航したのだった。

親たちは、本土までの長く危険な航路を通って大勢の子どもたちを運ぶのは、軍艦だとばかり思っていた。だが当日那覇港に行ってみると、そこにいたのは三隻とも貨物船で、不安な気持ちでわが子を見送った。

対馬丸を魚雷攻撃によって撃沈した潜水艦ボーフィン号は、上海を出発した対馬丸が那覇港に入る直前から攻撃対象と定めていたという。三隻の中でもっとも古く航行速度の遅かった対馬丸は、船団のスピードについていくのがやっとで、追跡してきたボーフィン号の標的にされたのだった。

## 五三年後に発見された対馬丸

遺品以外の展示物にも、強く印象に残ったものがある。故郷の沖縄を離れ、鹿児島高等農林学校で獣医になる勉強をしていた一九歳の髙良《たから》政弘さんが、沖縄の祖父母に宛てた手紙である。その冒頭には㊙と書かれている。

政弘さんは長男で、両親と九人の弟妹は、九州に疎開するため対馬丸に乗っていた。生き残ったのは妹の千代さん（当時一七歳）と、弟の政勝さん（同四歳）の二人だけ。家族の遭難を祖父母に知らせる手紙には、助けられて一人で旅館にいた妹を探し当てたこと、救助船が着くと聞いて鹿児島港で待っていたら、船員に抱かれた裸の子が降りてきて、それが弟だったことなどが書かれている。

こうした報告の後で、政弘さんは祖父母に気を落とさずに生き抜いてほしいと繰り返し書き〈私は決して中途で倒れません〉〈私は勝ちゃんを必ず立派にします〉と決意を述べている。この手紙が書かれたのは八月三一日で、沈没から一〇日もたっていない。九人もの家族を一度に失いながら、残された家族を何とか支えようとする強い意志と責任感に胸を打たれた。

手紙に出てくる弟の〈勝ちゃん〉＝髙良政勝さん（一九四〇年生まれ）に、記念館の中で話を伺うことができた。

勉学を続けて獣医となった政弘さんは、妹の千代さんと力を合わせて政勝さんを育てあげた。

4歳で乗船した髙良政勝さん

対馬丸が沈没したときのことは政勝さんの記憶になく、気がつくと、筏《いかだ》か丸太のようなものにつかまって海の中にいたという。覚えているのは、波が目や鼻に入って痛かったことだ。

「ずっと一人だったと思っていたのですが、父が後ろから抱きかかえていてくれたようなんです」

それがわかったのは、兄が祖父母にあてた手紙を読んだときだ。そこにはこう書かれていた。

〈ボーイの言葉によりますと、勝ちゃんははじめ父に抱かれていたが、ボーイが強いて受け取ったとの事です。父のイカダは縄が切れたとのことでした〉

ボーイとは、港で政勝さんを手渡してくれた船員のことだ。父子は救助船に助けられるまで、台風の近づく荒波の中を二晩にわたって漂流した。その間ずっと、父は片手で筏につかまり、もう片方の手で政勝さんをかかえて耐えた。そして船員に手渡すと、力尽きて海に沈んだのだ。

「ぼくが今あるのは、父が自分の命をくれたから。兄の手紙に〈政勝は神様が将来やるべき大

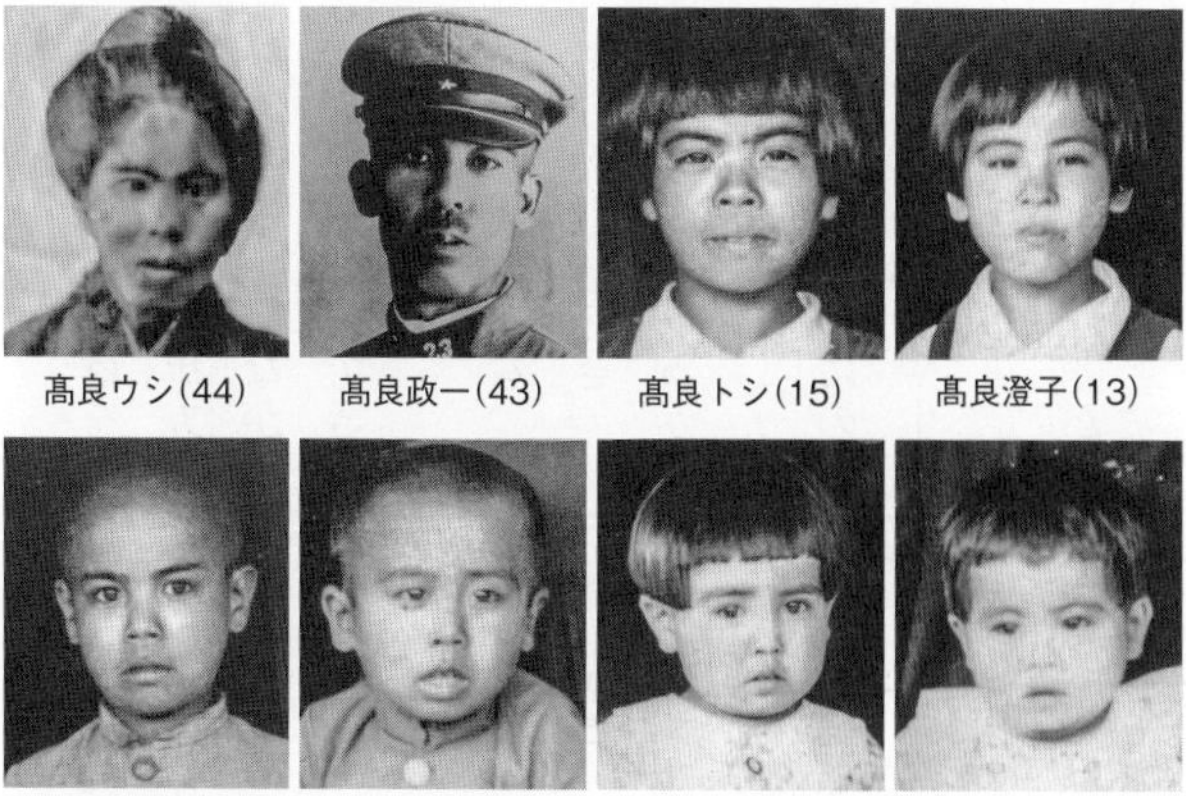

高良ウシ(44)　高良政一(43)　高良トシ(15)　高良澄子(13)
高良政次(12)　高良健(10)　高良節子(7)　高良弘子(6)

高良さんの家族(年齢は没年)．11人で乗船して助かったのは2人，妹の末子さんは当時0歳で写真がなかった

切なことがあると思い、一命を助けてくださったのです〉という一節があるのですが、その〈やるべきこと〉というのは、対馬丸のことだと思っています」

　戦後に歯科医となった政勝さんは、現在、対馬丸記念館を運営する対馬丸記念会の代表理事を務めている。

　この記念館の成り立ちには、対馬丸事件を正しく後世に伝え、平和の道しるべにしたいという、政勝さんら遺族の思いが深くかかわっている。

　話は一九九七(平成九)年にさかのぼる。この年に行われた調査によって、対馬丸の沈没地点が判明したのだ。深海探査機が撮影した船体の映像には「對馬丸」の文字がはっきりと映っていた。

遺族は引き揚げを希望したが、沈没時すでに建造三〇年の老朽船で、その後、五〇年以上も海底にあった対馬丸は、引き揚げ作業に耐えられずばらばらになってしまう恐れが大きかった。断念せざるを得なかった引き揚げの代わりに遺族が望んだのが、誰もが対馬丸事件について知り、学ぶことのできる記念館をつくることだった。

## 国策の犠牲となった子どもたち

今回の取材をきっかけに、関連する資料を調べてわかったのは、対馬丸の悲劇には当時の沖縄が置かれた状況が深くかかわっていることだ。

一九四四(昭和一九)年七月にサイパンが陥落《かんらく》すると、米軍の上陸に備えて沖縄の日本軍は増強され、一〇万にのぼる兵が配備された。人口五〇万の島に一〇万もの兵がやってきたのだから、当然、食料や生活物資が不足する。政府は国策として、本土に八万人、台湾に二万人を島から疎開させる決定をした。合計すると、増えた兵の数とちょうど同じ一〇万人である。

沖縄の学童疎開が本土と違うのは、疎開先にたどり着くのに危険な水域を通らなければならないことだった。

沖縄と本土を結ぶ航路は、それまでに多くの船舶が米軍によって沈められていた。政府と軍は、その危険がわかった上で、老朽化した貨物船で子どもたちを送り出したことになる。修学旅行にでも行くような気分で船に乗った子どもたちは、何もわからないまま死んでいった。

犠牲者の遺影が並ぶ館内

沈没後は、厳しい箝口令のために、親たちは長い間わが子の生死を知ることができず、霊を弔うこともできなかった。亡くなってなお、子どもたちは国策の犠牲であり続けたのだ。

「戦争って、軍や兵士だけのものではないんですよね」

見学の最後に、学芸員の外間さんが言った。

非戦闘員を含む県民すべてを戦争体制に組み込むという方針のもとで起こった対馬丸事件は、歴史に大文字で刻まれるべき悲劇である。いったん始まれば、子どもたちの命も幸福も、容赦なく奪っていくのが戦争というものなのだ。

# 象山地下壕（松代大本営地下壕）

## ――本土決戦に備えて掘られた巨大な地下壕

〒381-1232
長野県長野市松代町西条 479-11

## 総延長約一〇キロの巨大な地下壕

長野市の南部にある城下町・松代《まつしろ》に、巨大な地下壕がある。太平洋戦争末期、本土決戦に備えて、大本営や天皇の御座所《ござしょ》（仮皇居）、政府各庁、放送局などを東京から移すために建設されたものだ。

政府や軍の中心的な機関をすべて移転させる計画で、天皇や皇族も移り住むことになっていたが、戦争指導の最高機関である大本営《だいほんえい》が置かれることになっていたため、「松代大本営」と呼ばれる。

大日本帝国憲法下では、軍隊の指揮をとるのは内閣ではなく大本営だった。大元帥《だいげんすい》である天皇のもと、陸軍参謀総長、海軍軍令部総長をトップとする軍幹部が戦争の計画や指揮を行った。

松代が選ばれたのは、東京から離れていること、本州のもっとも幅の広い地帯にあること（海岸が遠く海から攻撃されにくい）、飛行場が近くにあること、岩盤が硬いこと、山に囲まれた盆地で平地があること、労働力が比較的豊富であること、「信州」が「神州」に通じること、などの理由があるといわれている。

一九四四(昭和一九)年の秋から工事が始まり、終戦まで一日も休まず掘り進められた。移転計画は極秘で、当時は「松代倉庫工事」と称された。

移転先の中心となった地区は、象山《ぞうざん》、舞鶴山《まいづるやま》、皆神山《みなかみやま》で、それぞれ次のような施設が入ることになっていた。

・象山　政府機関・日本放送協会・中央電話局(一万人収容予定)
・舞鶴山　御座所・宮内省・大本営(二〇〇〇人収容予定)
・皆神山　食料貯蔵庫

三つの山の地下に縦横に掘られた壕の総延長は約一〇キロに達した。戦終時には計画の七割以上が完成していたという。このほか周辺地域で、通信施設、印刷局、弾薬庫などが建設中あるいは建設予定だった。現在、見学することができるのは、象山地下壕の一部で、一九八九(平成元)年から一般公開されている。

私がこの地下壕に入ったのは二度目で、前回は二〇〇四(平成一六)年だった。そのときと同じように、入口に用意されているヘルメットをかぶって壕の内部へ足を踏み入れた。

あらためて驚かされるのは、坑道の広さと天井の高さだ。資料によれば、幅四メートル、中央部の高さが二・七メートル。単なる通路ならここまでの広さ、高さは必要ない。幅四メート

松代大本営の地下壕跡

ルのうち三メートル分は、執務を行ったり寝泊まりしたりする木造の部屋のためのスペースで、終戦時には八割ができあがっていた。残りの一メートル分が通路だったという。

　この大きな坑道が二〇メートル間隔で二〇本あり、それらを横につなぐ連絡坑が五〇メートルおきに掘られている。坑内図を見ると全体が碁盤の目のようになっていて、坑道の全長は五八五四メートルにもなる。見学コースを歩くだけでは想像のつかない巨大さだ。

### 過酷な労働を強いられた朝鮮人労働者

松代大本営に関する資料館の設立を目指して活動している、NPO法人松代大本営平和祈念館の松樹《まつき》道真《みちまさ》さんの案内で壕内を進む。松樹さんが「これを見てください」と指さした頭上の

象山地下壕の入口にある案内図．巨大な地下壕の全体像が描かれている

岩盤を見ると、金属の棒が突き刺さっていた。ダイナマイトを仕掛ける穴をあける削岩機のロッド(細長い鋼材)が抜けないままで残っているのだ。

掘削《くっさく》工事は、岩盤をダイナマイトで爆破することから始まる。爆破で崩れた岩を、槌《つち》や鑿《のみ》でこまかく砕き、トロッコにのせたり、モッコでかついだりして壕の外へ運びだす。ダイナマイトで破砕された大きな岩が飛んでくる危険な場所で働かされたのは、朝鮮人労働者だった。

「松代大本営全体の工事に動員されたのは、日本人が約三〇〇〇人、これには地元の勤労報国隊や、学生、生徒、児童も含まれます。そして朝鮮人が六五〇〇人から七〇〇〇人とされています。そのうち、二五〇〇人は日本に自主渡航して建設会社などで働いていた人たち、それ以外は朝鮮半島から徴用されて無理やり連れてこられた人たちです」

と松樹さん。朝鮮人労働者は劣悪な環境で働かされ、工事中の事故で死者も出た。

「朝鮮の方が何人亡くなったかわかる資料はないんです。近くの龍泉寺というお寺の住職が、二五回から三〇回くらい呼ばれてお経をあげたといいますが……」

壕内にはトロッコの枕木の跡や、測量を行うための測点跡なども残っている。私がもっとも長く足を止めたのは、公開部分からは見えない奥の壁面に書き残された文字や絵を撮影した二枚の写真パネルである。カンテラの煤《すす》で書かれているそうで、一枚にはくっきりとした文字で「大邱」とある。かつて確かにここにいた人の痕跡を伝えるその文字は、前回来たときも強く印象に残ったものだ。大邱《テグ》は韓国の地名である。朝鮮の人がふるさとの地名を書いたのだと気づいて、胸を衝かれる思いがした。

大邱の町は朝鮮半島東部の慶尚北道《キョンサンブクト》にある。松代大本営の工事に従事した朝鮮人には、慶尚北道とその南に隣接する慶尚南道《キョンサンナムド》の出身者が多く、近年見つかった名簿によると、全体の七〇パーセント以上を占めていたという。

もう一枚は、細長い図形を二つ組み合わせたような絵である。

「もしかすると、お祭りの踊りなどで使う韓国の帽子をかぶった、男性の顔かもしれません」

と松樹さん。前回はわからなかったが、言われてみると確かにそのように見える。その顔は父か兄弟か、それとも友人か。もしかすると自分自身なのかもしれない。文字や絵を書いた人たちは、生きのびて故郷に帰ることができたろうかと考えずにはいられなかった。

　ここで働いた朝鮮人労働者には、自分の意志で日本に来た人もいるが、故郷の山河から引きはがされるようにして連れてこられた人たちもいる。はじめてここへ来たときから、関係資料を読むなどして少しずつ調べてきたが、満足な衣食住も与えず、厳しい監視下において危険をともなう労働を強いたことは、戦時中の日本の加害行為のひとつとして、決して忘れてはならないことだと思う。

　朝鮮人労働者についての記録が少ない中、地元では、戦後も帰国せずに残った人たちや、壕の建設に動員された日本人への地道な聞き取りと調査が行われてきた。地元紙である信濃毎日新聞も取材を続け、証言を記録している。また、長野市出身の児童文学作家・和田登は、生まれた村からわずか六、七キロの場所で朝鮮の人々が過酷な労働に従事させられていたことに衝撃を受け、みずからも調査を行って『キムの十字架』を執筆した。この作品は版

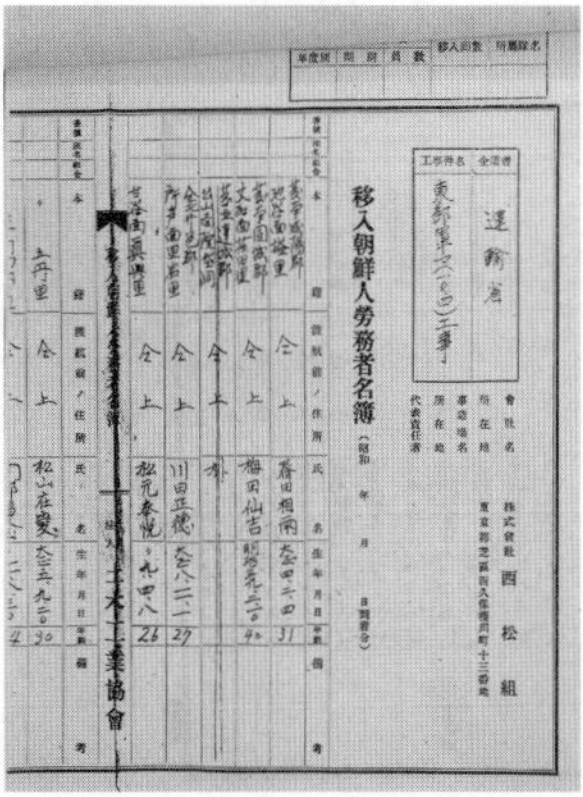

2018年にアメリカ議会図書館で見つかった，地下壕工事に従事した2600人超の朝鮮人労働者の名簿

を重ね、映画やビデオにもなった。ビデオを鑑賞した児童・生徒が地下壕の見学に訪れることも多いという。

戦争について調べていると、資料がなかなか表に出てこないテーマがあることに気づくが、そのひとつが朝鮮人労働者に関するものである。そんな中、貴重な証言を後世に残すべく、地道に取り組んできた地元の人たちがいるのはありがたいことで、日本の植民地支配について考えるときに大きな助けになる。

## 天皇と三種の神器

ここであらためて、なぜ大本営を移す必要があったのか、どういう経緯で計画され実行に移されたのかを見てみたい。

移転計画を立案したのは、陸軍省軍事課の参謀・井田《いだ》正孝《まさたか》少佐だった。井田少佐は、近いうちに東京への空襲が激しくなることは必至であるとして、東条英機《とうじょうひでき》陸軍大臣の次官だった冨永《とみなが》恭次《きょうじ》中将に大本営の移転を進言した。一九四四(昭和一九)年の一、二月ごろのことだったとされる。

井田少佐は戦後、移転の目的を「陛下をはじめ、大本営、政府という日本の中枢部を空の脅威から守って、本土決戦における最後の指揮をとる」（『歴史への招待　第三二巻』ＮＨＫ出版）ことだったと語っており、本土決戦が前提だったことがわかる。

戦争の趨勢《すうせい》はすでに敗北へと傾いていた。移転は、軍が防波堤と考えていた太平洋の島々が陥落し、米軍が本土に上陸してきたときに、戦争を継続し、天皇を守るためのものだった。

その意味で、大本営と天皇の御座所が入ることになっていた舞鶴山の地下壕は、松代大本営のいわば本丸だろう。ここは終戦時、地下壕の掘削工事が予定の九割まで進んでいた。

象山の地下壕を出た後、その舞鶴山へ向かった。戦後の一九四七（昭和二二）年から中央気象台、一九四九（昭和二四）年からは気象庁地震観測所が利用しており、現在見学はできない。半地下でコンクリート造りの御座所跡は外から窓越しに眺められるが、見えるのは廊下の一部くらいである。ここは天井のコンクリートの厚みが約一メートル、壁の厚みは三〇センチ以上ある頑丈な建物だ。

この御座所とトンネルでつながった地下御座所も作られた。空襲の際に天皇が避難する場所で、一〇トンの爆弾にも耐えられる造りになっていたという。

地上の御座所跡の前で写真を撮っていたとき、松樹さんが西の方角の小高い山を指さして言った。

「弘法山《こうぼうやま》というんですが、あそこの山腹に賢所《かしこどころ》が作られることになっていました」

賢所とは、宮中で三種の神器の神鏡を祀ってある場所である。一九四五(昭和二〇)年六月中旬、建築中の御座所を視察した宮内省の小倉庫次《おぐらくらじ》侍従が「陛下には万一のことがあっても、三種の神器は不可侵である。同じ場所しかも物置を充てることは許されない」と述べた記録が残っている(「松代大本営工事回顧」)。そこで松代でも神鏡は賢所を作って安置することになり、七月一二日に工事命令が発せられた。

「一億玉砕」というスローガンがあったように、本土決戦は国民の犠牲を前提としていた。だが、天皇と三種の神器は何としても守らなければならなかったのだ。

弘法山が選ばれたのは、御座所と伊勢神宮を結ぶ線上に造営するようにという小倉侍従の指示によるものだったという。また侍従は賢所の掘削を「純粋の日本人の手」で行うよう命じたため、ここでは朝鮮人は作業をしていない。熱海の地下建設隊所属鉄道教習所(通称トンネル学校)の少年隊が担当したが、取り付け道路を作り、坑口を掘りかけたところで終戦を迎えている。

## 地下壕の公開を実現させた高校生たち

私は硫黄島や沖縄で、戦時中に掘られた大規模な壕に入ったことがあるが、これほど広大なものは初めてだった。しかもここは、莫大な資金と人員を投じ、朝鮮の人々の自由や生命さえ奪ったにもかかわらず、一度も使われることのなかった施設なのだ。

終戦後の一九四七(昭和二二)年、戦後の巡幸で長野を訪問した昭和天皇は、当時の林虎雄知事に「この辺に戦時中無駄な穴を掘ったところがあるというがどのへんか?」と尋ねたという。一九八一(昭和五六)年に刊行された林の自伝『過ぎて来た道』にあるエピソードだ。使われなかったのだから「無駄」には違いないが、昭和天皇がその言葉を口にしたと知ると、やはり複雑な気持ちになる。

林はこの自伝で、昭和天皇が松代大本営のことを知ったのは戦後になってからだと書いているが、それはありえない。側近だった木戸《きど》幸一《こういち》内大臣の日記に、松代に神器を移すことに関する天皇の次のような発言が出てくるのだ。

〈伊勢と熱田の神器は結局自分の身辺に御移して御守りするのが一番よいと思ふ〉〈度々御移するのも如何かと思ふ故、信州の方へ御移することの心組で考へてはどうかと思ふ〉(「木戸幸一日記」昭和二〇年七月三一日)

松代大本営について知れば知るほど、多くの犠牲を払って壮大な「無駄」を行うのが戦争だということが実感としてわかってくる。今回見学した象山地下壕はそのための貴重な戦争遺跡だが、ここが公開されるきっかけを作ったのは、地元・長野市の高校生たちだった。

一九八五(昭和六〇)年、修学旅行で沖縄を訪れた篠ノ井旭《しののいあさひ》高校(現長野俊英高校)の生徒たちは、野戦病院として使われ、人骨や遺品が散らばっているガラビ壕を見学した。大きな衝撃を受け、地元に戻ったあと、沖縄戦の最中に掘られていた象山地下壕について調査を行う。そして、自分たちが沖縄の壕で平和について学んだように、他の地域の高校生が松代大本営跡に来れば勉強になるに違いないと思い、保存と公開に向けて運動を始めたのである。それが実を結び、長野市が整備と管理を行う形で、一九八九(平成元)年に象山地下壕の公開が実現した。

この高校生たちの運動をきっかけに結成されたのが、松樹さんが事務局長を務めるNPO法人松代大本営平和祈念館の前身にあたる「松代大本営の保存をすすめる会」だった。松樹さんは言う。

「本土決戦までの時間稼ぎのために、沖縄は犠牲になりました。その間に松代大本営が掘り進められた。沖縄と松代はつながっているんです」

象山地下壕を生きた教材とするには、記憶の継承の場となる平和祈念館が必要だと考えたスタッフは、ガイドの養成や派遣、聞き取り調査、公開講座の開催など地道な活動を続けながら、二〇二二(令和四)年、ついに建設用地を取得。開館を目指して建設プロジェクトを進めている。

松代大本営跡を訪ねて感じたのは、場所がもつ歴史性にふれることの大切さだ。沖縄の壕で衝撃を受けた高校生が、地元に戻って身近な歴史に向き合ったように、そこに足を運び、身を置くことで、気づくことが必ずあるに違いない。

# 東京大空襲・戦災資料センター
## ――記録することで記憶をつなぎとめる

〒136-0073
東京都江東区北砂 1-5-4

## 被災地図の上の死者たち

川や堀が縦横に走り、いくつもの橋がかかる東京都江東区。南北に流れる横十間川《よこじっけんがわ》と、東西に流れる小名木川《おなぎがわ》がほぼ直角に交わるあたりに、東京大空襲・戦災資料センターはある。建物は三階建てで、同じく民間人が多数犠牲になった広島や長崎、沖縄などの資料館にくらべて、規模はずっと小さい。

このセンターは民立民営で、入館料と寄付のみで運営されている。精巧なジオラマも、ガラスケースの展示品を効果的に照らす照明もないが、展示のひとつひとつから、スタッフの意図と情熱が伝わってくる。

最初の部屋は映像講話室。体験者の話を聞いたり、映像を見たりするスペースで、正面に大きな地図が掲げられている。下町・都心部の空襲被災地図である。

点々と記された大小の赤い丸印は、火葬するすべのなかった、おびただしい死者たちの仮埋葬地と、その人数をあらわしている。

このセンターが現在建っている場所も、たくさんの丸印に囲まれていた。猿江《さるえ》恩賜《おんし》公園一万三三八二人、妙久寺《みょうきゅうじ》二八六六人、元警防訓練所跡二〇八五人……。センターがここに作られた意味が、この被災地図を見ると、あらためてわかる。

追悼碑や慰霊碑の場所も地図には記されている。後日、センターの周辺を歩いて、石碑だけではなく、寺の境内などにひっそりとまつられた戦災地蔵尊が数多くあることに気がついた。いずれも地元の犠牲者を悼む、ささやかだが心のこもったもので、きちんと手入れがなされていた。

もうひとつ、この被災地図で目をひくのは、多くの学校の名である。このセンターは、二〇二〇(令和二)年六月にリニューアルオープンしたが、それにともなって地図を新しくした際、戦災当時にあった学校の場所をすべて書き入れたという。

「修学旅行でやってくる子どもたちも多いですし、若い人たちに、空襲のことを少しでも身近に感じてもらいたくて」

学芸員の比江島大和《ひえしまひろと》さんはそう話す。

国民学校、中等・高等学校、専門学校、大学。当時の学校の数の多さに驚かされる。いまよりずっと子どもが多かったのだ。

それは、空襲による子どもの死者もまた多かったことを意味する。このセンターを訪れた地元のお年寄りが、自分や兄弟姉妹の通っていた学校を見つけて、思い出を語り出すこともあるそうだ。

一枚の地図が、いま自分が立っている場所で、かつて何が起こったのかを、無言のうちに来館者に語りかける。戦争の歴史にふれる入口は、死者と知り合うことだと私は考えているが、その第一歩が、最初の部屋の正面に掲げられた、この大きな地図である。

赤い丸印とそこに添えられた数字が、ひとりひとりの人間として立ち上がってくるかどうか。戦争の時代が遠くなるほどに、こうした資料館が担う役割は重くなっていく。

私自身の話をすれば、東京の地層には死者たちの記憶が積み重なっていると気がついたのは、就職のために上京して一年がたった一九八五(昭和六〇)年のことだ。

その年の三月、東京大空襲に関する報道を、テレビのローカルニュースと新聞の首都圏版で目にした。教科書的な知識としては知っていたが、東京から遠く離れた地で生まれ育った者にとってそれは、日本史の年表の中の一行にすぎなかった。テレビ番組には生き残った当事者の方が登場したが、証言にふれるのもそのときが初めてだった。

証言と同じくらい衝撃的だったのは、当時私が住んでいた大田区も空襲を受け、住宅地が焼けて多くの死者を出した事実を知ったことだ。

それまで私は、東京大空襲といえば三月一〇日で、場所は現在の台東区、墨田区、江東区、荒川区を中心とする下町区域だと思い込んでいた。恥ずかしい話だが、四〜五月にも空襲があり、ほかの区にも大きな被害があったことが、よくわかっていなかったのだ。

その夜、一人暮らしの布団の中で、ふと、いま自分が寝ているこの場所で亡くなった人がいたかもしれないと思った。

そこは賃貸アパートの一階だった。私が眠り、食べ、毎朝身じたくをして会社に出かけていく1Kの下の地面に、焼け死んだ人の遺体が横たわっていたかもしれない。それは思いがけないほどリアルな感覚で、その夜はなかなか寝つけなかった。

上京してからの一年間、私は東京のあちこちへ出かけた。写真や映像で見た風景、読んできた小説やノンフィクションに登場した場所。そこに出かけていくことで、いま自分は東京にいるのだということを確かめようとしたのだと思う。

それは、水平方向に移動することで、自分がこれから暮らす土地と知り合うことだった。だが、このときはじめて、垂直方向、つまり過去へ思いをはせることをしたのだった。

土地の記憶、ということについて考えるようになったのはそのときからだ。私が育ったのは北海道で、実家があるのは、親が家を建てるまで山林だった土地である。そこで亡くなった人は、おそらくいないだろう。土地と死者をむすびつけて考えた経験が、それまでの私にはなかった。

これから生きていく土地について知りたいと思ったこともあり、東京の空襲について書かれた本を探した。そして見つけたのが岩波新書の『東京大空襲』だった。著者は早乙女勝元《さおとめかつもと》氏。のちに東京大空襲・戦災資料センターを立ち上げることになる人だ。背が黄ばみ、表紙の青色が擦れて薄れたその本は、いまも私の本棚にある。

## 焼夷弾《しょういだん》を持ち上げてみる

正面に被災地図が掲げられた部屋の、向かって左側の壁には、空撮写真や空襲の体験画が展示され、空襲で傷ついたピアノが置かれている。

注目したのは、右側の壁の「空襲の歴史年表」だ。一行目は「一九〇三　ライト兄弟が飛行機で初めて空を飛ぶ」。その四行あとに「一九一一　人類史上、初めての空襲」とある。オスマン帝国との戦争で、イタリア軍が飛行機から手榴弾を投下した。飛行機の誕生からわずか八年後のことである。

それから現代まで、空襲の歴史が概観できる。ゲルニカやドレスデンなどはよく知られているが、そのほかにも世界中で一般市民が空襲で殺され、それは現在も続いている。日中戦争中の一九三八(昭和一三)年から一九四一(昭和一六)年にかけて、中国の重慶で日本が行った空襲の記述もあり、このセンターが、被害を訴えるだけの場所ではないことがわかる。

被災地図は、かつて多くの人が亡くなった土地の上に自分がいま立っているという「地べたを通した共感」を呼び起こすが、この年表の前に立つと、東京の空襲もまた人類史の中に位置づけられるべき出来事なのだという俯瞰の視点を得ることができる。

二階は、空襲前〜空襲〜空襲後を、時系列にそって展示する構成になっている。

「戦時下の日常」と題されたコーナーでは、空襲以前に人々のどんな暮らしがあったかを、日用品や衣服、灯火管制下の民家の部屋の再現などで見せていく。

次の「空襲の実相」コーナーで目を引くのは、焼夷弾の模型である。焼夷弾とは、火災を起こすことを目的とした爆弾で、日本の住宅を燃やすために開発されたM69焼夷弾には、ガソリンを固めたナパームが詰められていた。

投下されたのは、小型の焼夷弾三八本を束ねた集束焼夷弾で、空中でバラバラになって地上に落ちる仕組みだ。これが住宅街を襲った。あちこちで火災が起こり、あっという間に燃え広がったため防火訓練は役に立たず、炎が逃げ道をふさいだ。

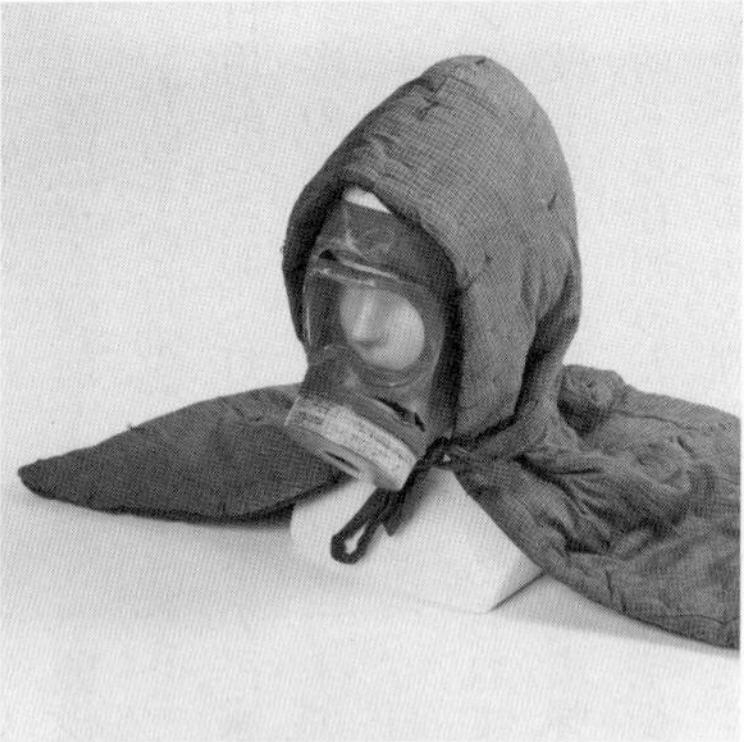

当時の市民の服装が再現展示されている

私はかつて、太平洋戦争末期の激戦地、硫黄島の戦いを描いたノンフィクションを書いたが、そのとき東京への空襲と焼夷弾について、ずいぶん調べたつもりだった。硫黄島は、B29が配備されたサイパン島と東京のちょうど中間にあり、ここを中継地として日本本土への爆撃を本格化したい米軍と、それを防ぎたい日本軍の間で激しい戦闘が行われたからだ。

当時、執筆のために早乙女勝元氏の『東京大空襲』を読み返し、そのほかにも多くの資料に当たったのだが、このセンターに展示されている焼夷弾の模型を見て驚いた。

一発一発が、がっちりした鉄製の容器に入っている。重さも予想以上で、私の力では、よいしょと力を入れて、ようやく持ち上がるくらいだ。これが、一晩に三〇万発も降ってきたというのである。

それまで、恐ろしかったのは火だけだと思っていたが、この展示を担当した学芸員の石橋星《せい》志《し》さんによれば、鉄の容器やその破片が当たって、亡くなったり大けがをした人も多くいたという。

「腕や足を切断しなければならなかった人もいて、戦後、差別や偏見にさらされました。そういう方たちが、いま、私たちと同じ社会に生きています。空襲被害は過去のことではないんです」

と石橋さん。証言や客観的事実が大事なのは言うまでもないが、モノそれ自体の持

実際の焼夷弾と同じ 2.7 キロの重さの模型．奥の 3 本は投下された現物

つリアリティも大事だとつくづく思った。この焼夷弾は模型ではあるが、文字や写真ではわからなかったことを、戦争を知らない私たちに伝えてくれる。

## 無数の三月一〇日、死者と生者の声

その先に進むと、空襲当日の展示がある。空襲が始まったのは、三月一〇日の午前零時過ぎだった。真夜中で暗く、そのときの地上の状況を撮った写真はない。私たちが知っているのは、夜が明けて以降の焼け跡の写真なのだ。

つまり、その夜に何が起こったかは、証言と絵で表現するしかない。ここには「夜の体験」と題したコーナーが設けられ、黒い壁面に、体験者による絵と証言のパネルが配されている。

証言は、一九七〇年代に書かれた体験記から抜粋されたもので、証言者の被災当時の年代も、国民学校の生徒、一〇代の工員、三〇代の会社員、四〇代の八百屋の女性、五〇代の警防団員など幅広い。

避難場所に決められていた国民学校へ行こうとする母親を止めたという、当時一九歳の女性の証言があった。

〈門前仲町にあるその学校の方向は、風上で炎に包まれて何も見えない。その方向へ走ろうとする母をつかまえながら、ふと空を見上げると、左の一角にほんの少し、黒い夜空が、そしていくつかの星がみとめられた。私はそのとき、あの空をたよりに行こうと決めた〉

黒い夜空をたよりに、この人は生きのびた。光が死を意味し、闇を目指して進むしかない夜があったのだ。

これらの証言の出典を石橋さんに尋ねると、「東京空襲を記録する会」が刊行した『東京大空襲・戦災誌』(一九七三〜七四年刊)だという。「東京空襲を記録する会」は、早乙女勝元氏の呼びかけから生まれた会で、その地道な活動が、二〇〇二(平成一四)年の東京大空襲・戦災資料センターの設立につながったのだ。

その『東京大空襲・戦災誌』全五巻を見せてもらった。膨大な体験記と資料が収録されている。そこには無数の三月一〇日があり、死者と生者のおびただしい声が響いていた。刊行までにどれほどの労力が費やされたかと思うと、もと編集者である私は、ページを繰りながら気が遠くなるような思いがした。そして改めて、こうした地道な取材と調査・研究をベースにセンターが存在することを実感させられた。

二五歳のとき終戦を迎えた詩人の石垣りんに、東京大空襲で亡くなった職場の同僚たちをうたった作品がある。

## 弔詞

職場新聞に掲載された一〇五名の
戦没者名簿に寄せて

ここに書かれたひとつの名前から、ひとりの人が立ちあがる。

ああ　あなたでしたね。
あなたも死んだのでしたね。

活字にすれば四つか五つ。その向こうにあるひとつのいのち。悲惨
にとぢられたひとりの人生。

たとえば海老原寿美子さん。長身で陽気な若い女性。一九四五年三
月十日の大空襲に、母親と抱き合って、ドブの中で死んでいた、

私の仲間。

あなたはいま、
どのような眠りを、
眠っているのだろうか。
そして私はどのように、さめているというのか？

（中略）

戦争の記憶が遠ざかるとき、
戦争がまた
私たちに近づく。
そうでなければ良い。

八月十五日。

眠っているのは私たち。
苦しみにさめているのは
あなたたち。
行かないで下さい　皆さん、どうかここに居て下さい。

戦争関連のほかの資料館と同様、このセンターも学校単位で訪れる中高校生が多い。若い人たちにぜひ見てほしいのは言うまでもないが、現在の日本では、戦争を知らないという意味では一〇歳も七〇歳も同じである。死者と知り合い、遠ざかる戦争の記憶をつなぎとめるために、あらゆる世代に足を運んでほしい場所だと思った。

# 八重山平和祈念館
## ——知られざる戦争マラリアの実相を後世に残す

〒907-0014
沖縄県石垣市新栄町 79-3

## 戦争マラリアとは何か

沖縄・那覇空港から飛び立って四〇分。飛行機の窓から石垣島が見えてきた。美しいビーチと賑やかな市街地。濃い緑におおわれた山は、沖縄県の最高峰・於茂登岳《おもとだけ》だ。降り立った空港は、観光客であふれていた。

沖縄本島と違って、この島に目立った戦跡はない。米軍はここには上陸せず、地上戦が行われなかったからだ。だが太平洋戦争末期、島は地獄の様相を呈し、多くの住民が命を落とした。八重山《やえやま》諸島(石垣島《いしがきじま》、西表島《いりおもてじま》など一二の有人島と多くの無人島からなる)に属するほかの島々も同様である。その原因となったのがマラリアだった。

マラリアは、熱帯、亜熱帯に広く分布する感染症で、蚊(ハマダラカ)が媒介するマラリア原虫によって引き起こされる。ハマダラカに刺されることでマラリア原虫が体内に入り込み、高熱や嘔吐などの症状があらわれる。治療が遅れて重症化すると意識障害が起こり、腎不全などで死に至ることがある。

八重山諸島では、マラリアは古くから風土病として知られていた。住民たちは過去の経験から、ハマダラカが多く生息し、マラリアに罹患《りかん》しやすいことがわかっている区域(有病地)を避けて生活していた。だが一九四五(昭和二〇)年六月、軍の命令によって、有病地に強制的に移住させられたことで、爆発的な流行をみる。これを普通のマラリアと区別して「戦争マラリア」と呼ぶ。

当時の八重山諸島全体の人口は三万一六八一人。その約五三パーセントにあたる一万六八八四人が罹患し、三六四七人が死亡した。マラリアにかかった人のうち、およそ五人に一人が亡くなったことになる。空襲や船舶遭難など戦争による直接的な死者は一七八人で、マラリアによる死者の方がずっと多かったことがわかる。

石垣島に渡る前、私は本島南部にある平和祈念公園を訪れた。ここには、沖縄戦で犠牲になったすべての人々の名前が出身地別に刻まれた「平和の礎《いしじ》」がある。私には、終戦前年、南方の戦地に向かう輸送船が沖縄近海で沈められ、二二歳で亡くなった伯父がおり、その名が刻まれていることから何度か訪れたことがある場所だ。だが、ここに刻まれている八重山諸島の民間人犠牲者のほとんどが、マラリアによって亡くなっていたとは知らなかった。

実を言うと、私が戦争マラリアについて知ったのはごく最近のことだ。これまで兵士として南方に送られた人たちにインタビューをしてきた中で、マラリアに罹患した話を何度か聞いてきた。著名な人では、漫画家の水木しげる氏がニューギニアのニューブリテン島で、やなせたかし氏が中国大陸の上海でマラリアに感染し、生死の境をさまよったという。

水木氏は、敵襲にあってジャングルの中を逃げているときにハマダラカに刺された。ズンゲンというところにあった中隊にたどりつき、高熱を発して寝込んでいたときにオーストラリア軍の爆撃によって左腕を負傷。命は助かったが、左腕は切断しなければならなかった。やなせ氏は、福州(現在の福建省福州市)から上海まで一か月かけて行軍した直後に高熱を発した。何枚毛布をかけても身体がガタガタふるえ、二週間ほど起き上がることができなかったという。

戦争マラリアという言葉をはじめて聞いたとき、彼らのように兵士だった人が戦地でかかったマラリアのことかと思ったが、そうではなかった。戦争末期の沖縄県で、軍命によって有病地に移ったことによって感染したマラリアを、戦争マラリアと呼ぶのである。自分の無知を恥じたが、私の周囲にも、戦争マラリアについて知っている人はほとんどいなかった。

米軍の上陸がなかった八重山諸島で、なぜこんな悲劇が起こったのか。平和の礎のある平和祈念公園の中には、沖縄県平和祈念資料館が建っている。そこで戦争マラリアに関する展示を見たあと、さらに深く知るために石垣島にやってきたのだった。

石垣市内にある八重山平和祈念館は、戦争マラリアの実相を正しく伝えるため、一九九九

(平成一一)年に開館した。見学する前に、家族を戦争マラリアで亡くした方に、館内で話を聞かせてもらうことができた。

## 軍命によって有病地へ

玉那覇《たまなは》有和《ゆうわ》さんは一九三九(昭和一四)年生まれ。一九四四(昭和一九)年六月、於茂登岳のふもとの白水《しらみず》地区に家族で移り、そこで母、長兄、妹の三人がマラリアにかかった。当時五歳だった玉那覇さんは、三人が寝かされた枕もとにバケツが置かれ、家族が水をかけて冷やしていたのを覚えている。

「三歳だった妹を、姉がおぶって町の病院まで連れていきました。列に並び、ようやく順番が来て背中からおろしたら、医者から、もう死んでいますよと言われたそうです。あとになって、姉から聞いた話です。その後、母と長兄も亡くなりました」

一九三七(昭和一二)年生まれの田本徹《たもととおる》さんは、母と妹をマラリアで亡くした。移住先は田本家が所有する山で、戦前からある粗末な小屋で暮らした。他の地域と同様、医者もおらず薬もない。

母の体を冷やす水を汲むため、田本さんは湧水のある谷との間の坂道を何度も往復し、母の額《ひたい》に懸命に水をかけた。

「母が亡くなったとき、一番下の弟はまだ乳飲み子でした。私たちが避難した武名田原《ぶなたばる》のあたりは深い山の中なんですが、姉は弟を抱き、ジャングルをかき分けるようにして避難所を回り、もらい乳をして弟の命をつないだ。けれども終戦後、市内に戻った後に、弟は死んでしまいました」

こうした、今で言うところの関連死も多かったと思われる。終戦後も食料は不足し、衛生環境も極端に悪かった。

田本さん自身もマラリアにかかった。四〇度をこえる高熱と、歯がガチガチと鳴るほどのひどい震えが交互に襲う。特効薬のキニーネを軍は持っていたが、それが住民に使われることはなかった。

玉那覇さんも田本さんも、もともと住んでいたのは島の南部の海岸沿いの無病地だった。それが、軍命によって有病地である山間部に移動させられたのだ。

八重山諸島のほかの島々でも、有病地への移住が行われた。無病地だった竹富島《たけとみじま》、黒島《くろしま》、新城島《あらぐすくじま》、鳩間島《はとまじま》、波照間島《はてるまじま》の住民は、有病地である西表島に移ったことで次々とマラリアにかかった。特に波照間島の罹患率は九九・八パーセントに及び、全住民のおよそ三分の一が亡くなっている。

戦後、進駐してきた米軍は、抗マラリア薬のアテブリンを一〇五万錠供与するなど、マラリア対策を進め、罹患者数も死者数も激減した。一九五七(昭和三二)年からは昆虫学者のC・M・ウイラー博士が策定した「ウイラープラン」が実行され、一九六二(昭和三七)年に八重山諸島のマラリアは撲滅された。

## 避難小屋での暮らし

玉那覇さんと田本さんに話を聞いたあと、学芸員の綿貫円《わたぬきまどか》さんの案内で祈念館内を見学した。ここは日本で唯一の、戦争マラリアに特化した資料館である。館の規模は小さいが、写真や地図、遺品、住民の日記や絵、軍の命令があったことを示す資料など、展示は充実しており、住民を巻き込んだ「もうひとつの沖縄戦」といえる戦争マラリアの実態がよくわかる。

マラリアの高熱に苦しむ母子の様子を再現した像があった。枕もとに水の入った木製のバケツが置かれ、子どもは水にぬらした桑の葉を額に乗せている。玉那覇さんが話してくれた通りの状況だ。かたわらのすり鉢の中にあるのはニガナの葉で、薬の代わりに、すりつぶしたものを飲ませたという。

マラリアに苦しむ母子の再現像

避難小屋の模型もある。軍に指定された避難地区に隣組単位で茅葺《かやぶき》小屋を作り、二〇〜三〇名が生活した。衛生状態は悪く、人々は次々とマラリアに罹患した。沖縄県平和祈念資料館発行の『平和への証言――体験者が語る戦争』の中に、石垣市に住んでいた当時一〇歳の上里善孝《うえざとぜんこう》さんの手記がある。

〈避難小屋は、茅葺きで壁はススキで覆《おお》ってあり、大木の下で、敵に見つけられないように出来ていました。川の近くでしたので、蚊に悩まされました。街から来た人はすぐにマラリアに罹《かか》り、高熱に苦しめられました〉

あるとき、アコウの大木の下で老婆が倒れて死んでいた。白髪頭からシラミが這い出している。大人たちが穴を掘って遺体を埋めた。それを見た上里さんの祖母が、こんな死に方はいやだから家に帰ると言って小屋を出ていってしまう。おばあちゃんだけを帰してはいけないと、家族みんなで家に戻った。

すると、家は兵隊たちが占領しており、避難小屋に移るときに連れていってはいけないと厳重に言い渡された牛や馬、ヤギなどの家畜はいなくなっていた。あちこちに家畜の骨が散らばっていて、兵隊たちが食べてしまったことがわかったという。ニワトリも一羽もいなくなり、畑の芋もなかった。

## 軍はマラリア罹患の危険性を知っていた

移住の命令を出した軍は、住民がマラリアに罹患する危険性を認識していなかったかというと、そうではない。石垣島に駐屯した独立混成第四五旅団は、事前調査によって有病地を把握していた。軍が作成した「八重山群島ノ衛生状況大要」という調査書には、八重山地方全体の有病地を記した地図も載っている。軍は、わかっていてあえて、住民を危険な地域に移住させたのだ。

それはなぜなのか。学芸員の綿貫さんによれば三つの理由が考えられるという。

①米軍が上陸してきた場合、住民が足手まといになると考えた。

②軍は飛行場建設などに住民を徴用しており、もし住民が捕虜になった場合、住民の口から軍内部の情報が漏れることを怖れた。

③軍の食料を確保するため。特に波照間島や黒島は家畜が豊富で、住民はそれらを残して島

を離れざるを得なかった。

戦争マラリアについて沖縄のメディアが報じるようになったのは、遺族会が国家賠償請求運動を起こした一九八九(平成元)年以降のことだ。このとき問題になったのが、移住に際して軍命があったか、つまり強制的なものだったかどうかだった。

祈念館に「八重山兵団防衛戦闘覚書」と題する文書のコピーが展示されている。書いたのは第四五旅団の司令部で参謀任務を担っていた東畑広吉少佐である。この覚書には、〈石垣島防衛地区の大部分はマラリア病発生地区にあり、之れが対策には上陸当初より最大の努力を為す〉(傍線は筆者による、以下同)とあり、石垣島の大部分が有病地であったことを軍は知っていたことがあらためてわかる。

続けて〈幸い台湾熱帯医学研究所及び在石垣島医師会の絶大な協力により、軍全般には防疫対策徹底したるも住民全般には及ばず、多大の犠牲を払うに至る〉とあり、衛生面や医療面で軍が優先され、住民はほとんど何の措置も受けられなかったことも書かれている。

また、有病地への移動が軍命だったことも、次のような記述からわかる。

〈旅団長宮崎少将は右軍令に基き、八重山列島一般情勢を顧慮した結果、六月十日甲戦備移行を命ずると共に、予め協定によって準備されていた於茂登山麓及びバンナ岳北側複郭陣地内への避難命令を通達した。（中略）敵上陸後の避難は混乱をまねき、損害の絶大及び戦闘の妨害等を顧慮の上軍命令の如く処置せられた模様である〉

この資料以外にも、移住は軍の命令によるものだったことが書かれた当時の住民の日記などが複数展示されている。

石垣島のバンナ公園に建つ「八重山戦争マラリア犠牲者慰霊之碑」

政府は石垣島、波照間島など五つの島については軍命による強制避難だったことを認めたが、ほかの島については認めず、遺族会が求めた個人補償はすべての島で実現しなかった。代わりに提案されたのが、慰霊碑の建立、祈念館の設立、資料の収集と編集、追悼事業を柱とする、八重山の戦争マラリア全体に対する三億円の慰藉《いしゃ》事業である。

遺族たちはこれに不満を持ったが、戦争マラリアの教訓を後世に残すことを考え、遺族会として最終的に受け入れたのだった。

戦闘のなかった八重山の島々で、多くの民間人が犠牲になった戦争マラリア。その実相を見ていくと、中央からやって来た軍隊が、巨大なローラーのように島の人たちの命と人生を押しつぶしていった経緯が見えてくる。

祈念館の展示でもっとも印象的だったのは、「サン」と呼ばれる稲わらを結んだお守りである。二本並べて展示してあったそれは、二人の幼い娘を戦争マラリアで亡くした母親が自分もマラリアにかかり、娘たちのマブヤー（魂）としてずっと枕もとに置いていたものだ。

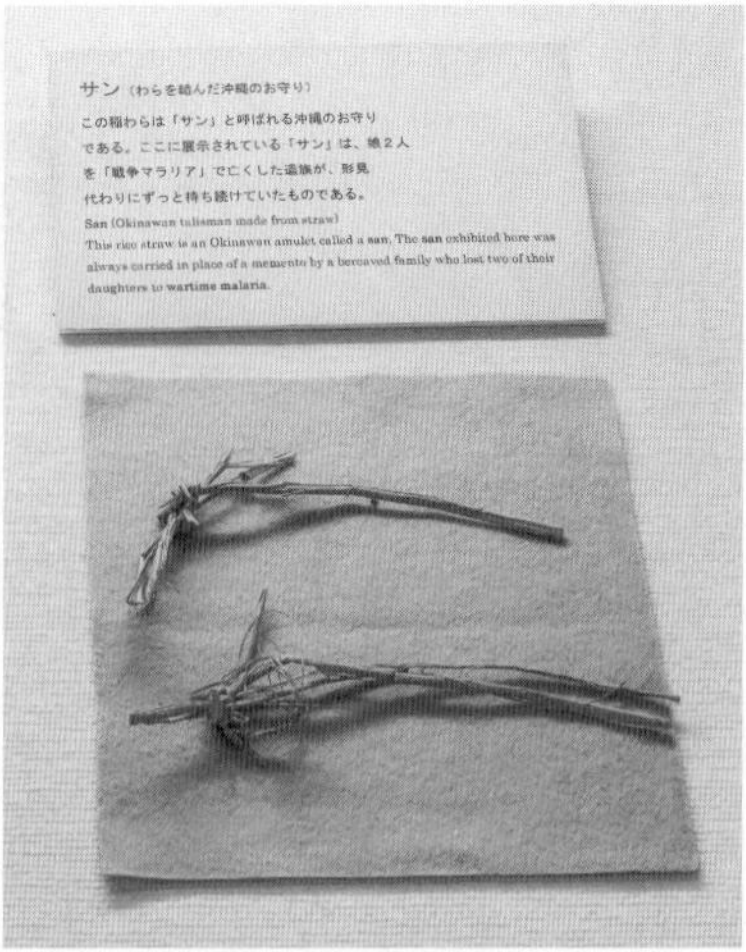

稲わらを結んだお守り「サン」

学芸員の綿貫さんによれば、命が助かった母親は、娘たちの遺体を埋め「きっと迎えに来るからね」と言って目印の墓標を立てた。だが戦後、その場所は米軍が整地し、遺体の行方はわからなくなってしまった。母親は戦後も、二本のサンを大切にしていたという。

まさに吹けば飛ぶような、ささやかな二本の稲わらが、戦争が奪うものの大きさを、時をこえて訴えかけてくる。

# 原爆の図丸木美術館
## ——絵の前に立ち，死者からの問いを受けとめる

〒355-0076
埼玉県東松山市下唐子 1401

丸木スマが描いた「ピカのとき」

雑木林と畑の間を抜けて、美術館の入口に続く小径にさしかかると、さわさわと水の音が聞こえてきた。近くを川が流れているのだ。

建物は小高い場所にあった。大きな木のかたわらに立って見下ろせば、近づいてきた流れが足もとでゆるやかに曲がり、また離れていくのがわかる。護岸工事がなされていない岸辺は、水面にせり出すように草木が茂っている。

原爆の図丸木美術館は、埼玉県東松山市の都幾川《ときがわ》のほとりにある。丸木位里《まるきいり》・俊《とし》夫妻が、「原爆の図」を展示する美術館を建てる場所としてここを選んだのは、位里の故郷である広島の太田川の川辺に景色が似ていたからだという。

美術館の向かいには休息所があり、その奥には丸木夫妻が暮らした母屋、来客たちと飲食をともにした古民家が建っている。さらにアトリエとして使われた茶室もあり、ここが生活と仕事、そして交流の場でもあったことを物語っている。

丸木位里(一九〇一〜一九九五)は、広島の太田川上流の船宿を兼ねる農家に生まれ、戦前、シユルレアリスム（超現実主義）を取り入れた水墨画で高い評価を受けた。俊（一九一二〜二〇〇〇）は北海道秩父別《ちっぷべつ》の寺に生まれ、上京して女子美術専門学校（現在の女子美術大学）に学んだ。卒業後はモスクワやミクロネシアに滞在、多くのスケッチや油絵を描いた。

二人は一九四一（昭和一六）年に結婚、一九四五（昭和二〇）年に広島に原爆が落とされると、住んでいた東京から、位里の母が暮らす広島に駆けつけた。その三年後から共同で「原爆の図」の制作に取り組み、三〇年以上をかけて一五部におよぶ連作を完成させたのだった。

この美術館を訪ねるのは二度目だった。中に入ると、学芸員の岡村幸宣《ゆきのり》さんが迎えてくれた。最初に案内されたのは、「原爆の図」がある部屋ではなく、その手前の小ぶりの展示室である。そこには花や鳥や動物たちが画面いっぱいに躍る、色あざやかな絵が並んでいた。七〇代になって初めて絵筆をとった位里の母、丸木スマの作品である。今日はあの「原爆の図」と対面するのだと、緊張してここまでやって来た気持ちがふとほぐれる。

長く家業の船宿や野良仕事で忙しく働いてきたスマに、絵を描くことをすすめたのは俊だったという。スマは八一歳で亡くなるまで七〇〇点を超える絵を描いた。エネルギーにあふれ、自由奔放なスマの絵は画壇に認められ、日本美術院展にも入選した。

この美術館では、開館以来、「原爆の図」とともに必ずスマの絵を展示してきた。新型コロナの感染拡大の影響で、二〇二〇(令和二)年の四月九日から二か月にわたって休館したが、再開にあたって、スマの作品を最初の展示室にもってくることにしたという。

一点目に展示されているのは「めし」と題された絵で、猫とネズミがひとつの器を囲んで食べている。

「生きる力をみんなでシェアする、というイメージです」と岡村さん。なるほど、と思いながら絵を見ていく。

スマの作品はどれも旺盛な生命力を感じさせるが、一点だけ雰囲気の異なる絵があった。この部屋の最後に展示されているその絵のタイトルは「ピカのとき」。被爆した人の群れ——遺体なのか、瀕死の状態なのかはわからない——が描かれている。

丸木スマ「ピカのとき」

そうだった、とあらためて思う。スマが暮らしていた家は、爆心地から約二・六キロのところにあった。スマはあの日、おびただしい死を目撃したのだ。

スマは生前、「ピカは、人が落とさにゃ、落ちてこん」と繰り返し言っていたという。ピカ

＝原爆は、「落ちた」のではなく「(人間によって)落とされた」ものなのだ。

この絵は一九五〇(昭和二五)年に描かれている。岡村さんによれば、市民による原爆の絵の中でも特に早い時期に描かれた貴重なものだという。

原爆後、最初に通じた汽車で位里が広島に入ったのは、投下から三日後のことだった。続いて俊もやってきて、二人は約一か月広島にとどまり、惨状を目の当たりにした。だがピカが落とされた日の光景は見ていない。そのときの様子をふたりに語って聞かせたのはスマだった。

## 「原爆の図」のために建てられた美術館

スマの絵を後にして、「原爆の図」の展示室に入る。「原爆の図」は全一五部の連作で、そのうち第一部から第一四部がこの美術館に展示され、長崎の原爆を描いた第一五部のみが長崎原爆資料館にある。

第一部は「幽霊」と題されている。

立ちつくし、座りこみ、さまよい、倒れ、かさなりあう人たち。着物は燃え落ち、顔はふくれ、髪は焼けこげている。横長の大画面は屏風に仕立てられ、見る者は、これらの人々の群れの前を、歩いて通り抜けることになる。

「原爆の図　水」(1950 年，部分．提供：原爆の図丸木美術館)

最初は早足で歩き（怖いのだ）、だが通り過ぎるだけではいけないような気がして、また戻り、かれらのうちの何人かと向き合う。それからようやく、何歩か下がって全体を眺める。そんなふうにして私はこの絵を見た。

第二部「火」。火に包まれ、燃え上がり、焼けこげる人たち。

第三部「水」。水の中と岸辺に積みあがる死体。その中心に、こときれた赤ん坊を抱く母がいる。

全裸の体に軍靴と剣だけを身につけた兵士と、狂った馬を描いた第四部「虹」。建物疎開に動員された少年と少女が折りかさなる第五部「少年少女」。

死者から見つめられ、問いかけられているような気持ちに次第になっていき、それは作品の力だけでなく展示の方法によるところも大きいと気づく。

描かれた人物は等身大に近く、絵の中で立っている人は、見ているこちらと目線の位置がほぼ同じになる。また、屛風に仕立てられているため奥行が感じられ、こちらが絵の中に入っていくような感覚におそわれる。ほかの美術館ではなかなかできない経験だ。

「この美術館は、天井の高さも、壁の長さも、絵の寸法に合わせて作られています。絵がまずあって、それを見てもらうためにはどうしたらいいか、というところから始まっているんです」

と岡村さん。まず箱モノを作る、という日本の文化施設の発想とは逆で、先に作品があり、その器として建物があるという考え方が徹底しているのだ。

この美術館は、行政や企業の支援を受けず、一九六七(昭和四二)年の開館以来、入館料収入と寄付だけで自主独立の運営を続けてきた。新型コロナのため休館を余儀なくされたときは入館料収入が途絶えたが、国内外から予想を超える寄付が集まり、乗り切ることができたという。

## 絵を通して人が出会う場所

「原爆の図」の第一部から第三部までは、一九五〇(昭和二五)年に発表されている。日本がまだアメリカの占領下にあり、原爆の写真はもちろん、情報も厳しく統制されていた時期である。

そんな中、位里と俊は、みずから絵を背負って全国を回った。

一九五一（昭和二六）年には第四部と第五部を発表。一九五三（昭和二八）年末ごろまでに、少なくとも全国一七〇か所以上で展覧会が開催され、一七〇万人の人が見たという。

「原爆の図」はもともとパネルに描かれていたが、全国を巡回するために掛け軸に仕立てられた。持ち運びを容易にするためと、万が一のとき、巻いて逃げるためだ。その後、あらためて屏風に仕立て直された。

一九五二（昭和二七）年にサンフランシスコ講和条約が発効し、原爆についての情報が解禁されると、「原爆の図」の書籍や写真集が刊行され、映画も作られた。そして海外でも展覧会が開催されるようになっていく。二人はその後も世界中を回りながら描き続け、最後の第一五部「ながさき」を発表したのは一九八二（昭和五七）年だった。

日本人が受けた被害だけではなく、第一三部「米兵捕虜の死」では被爆死したアメリカ人捕虜を、第一四部「からす」では、「原爆がおちゃけたあと、一番あとまで死骸が残ったのは朝鮮人だったとよ」という石牟礼道子《いしむれみちこ》の文章をもとに、死体となっても差別を受ける朝鮮人被爆者の姿を描いた。

二人はその後、「アウシュビッツの図」「水俣の図」「沖縄戦の図」など、社会的な主題の作品を共同制作している。個人としても、位里はスケールの大きな水墨画を、俊は『ひろしまのピカ』、『うみのがくたい』(大塚勇三・作)、『みなまた　海のこえ』(石牟礼道子・作)などのすぐれた絵本を数多く手がけている。

美術館が開館したころ，1967 年の丸木位里，丸木俊(提供：原爆の図丸木美術館)

原爆投下後の広島にいちはやく駆けつけ、その惨状を見た衝撃から描きはじめられた原爆の図は、被爆の実相を日本のみならず世界に伝える役割を果たした。では、美術作品として見た原爆の図はどうなのか。

一連の作品は共同制作で描かれた。人物を描いたのは西洋絵画を学んだ俊で、墨で濃淡を表現したのは位里である。

私が「原爆の図」に出会ったのは、高校の歴史教科書だった。そのときは、あくまでも人物が主で墨は従だと思ったが、前回ここを訪れて初めて原画を見たとき、墨は灰であり、煤であり、血であり、水であり、雨であるとわかった。投下の瞬間から、広島だけではなく世界中を覆い、いまも消えることのない闇なのだ。

悲惨の極みを描いた「原爆の図」だが、怖いという感情をいったん取り去ると、そこに、ある美しさがあるのを感じる。凄惨な被爆体験を書いた原民喜《はらたみき》の小説「夏の花」に、取り替えのきかない唯一無二の美があるように、それは芸術作品としての美である。

悲惨なものを美しいと感じてしまったときの複雑な感情。それに耐えるのは苦しいと私が言うと、岡村さんは、

「でも、正しい受容の仕方があると考え、それに縛られると、結果的に絵を遠ざけてしまいます」

と言った。そして、こんな話をしてくれた。

二〇一五(平成二七)年、ワシントンDC郊外にあるアメリカン大学美術館で原爆の図を展示したとき、岡村さんは、絵の前で崩れるように座り込んだ退役軍人を見た。エノラ・ゲイが飛び立ったテニアン島で通信兵をしていたというその老人は、来場していたメディアに原爆投下の是非を問われて「日本は中国で何をした?」と強く反発した。しかし、翌日も会場にやってきて、時間をかけて絵を見ていたという。何か揺さぶられるものがそこにはあったのだろう。

「自由な見方がたくさん出てくることで、絵の持つ意味があらためて浮かび上がってくる。

大事なのは、この場所にこの絵があり、それを見て考えること。そして、ここで人と出会うことだと思います」

この美術館では、若手のアーティストに発表の場を積極的に提供している。ここは絵を見る場所であると同時に、人が出会う場所でもあるのだ。運営を支援する友の会の会員は一五〇〇人を超え、展示替えや発送作業、イベントのときは各地から多くのボランティアが集まってくるという。

位里と俊が残したものが作品だけではないことが、訪れてみてよくわかった。芸術を通して歴史にふれ、作品が発する問いを受け取ることができるこんな場が、もっとあちこちにあればいいと思う。

## 長崎原爆資料館
### ——いまこそ学ぶべき核兵器の惨禍

〒852-8117
長崎県長崎市平野町 7-8

## 偶然が左右した運命

長崎市の中心部は、三方を山に囲まれている。爆心地付近の地形も起伏が多く、高台にある長崎原爆資料館は、入口は地下一階、展示室は地下二階という独特の構造になっている。

入口と展示室をつなぐのは、円形のゆるやかなスロープだ。その壁には、二〇〇〇年から始まり、一九九五、一九九〇……と五年刻みの数字が記されている。それ以外には何もない真っ白いスロープを下りながら時間をさかのぼり、最後に一九四五年がやってくる。

この資料館を訪れるのは一〇年ぶりである。ここ長崎でも広島でも、原爆資料館を見学するにはある種の覚悟が必要だ。吹き抜けの天井からいっぱいに光が差し込むスロープをゆっくり下りながら、心の中で、巨大な負の歴史とあらためて向き合う準備をした。

一九四五(昭和二〇)年八月九日、広島に続いて長崎に原子爆弾が投下された。米軍が第一目標としたのは「小倉造兵廠《こくらぞうへいしょう》および市街地」(現北九州市)だったが、小倉上空の視界が悪かったため、第二目標だった「長崎市街地」に変更された。

展示室前のスペースで、長崎平和推進協会の平和案内人を務める山田一美さん(一九三三年生まれ）が待っていてくれた。山田さんは、国民学校の六年生だった一二歳のときに被爆したという。

展示室に入ってまず目に入るのは、枠が壊れた柱時計である。文字盤は傾き、端がめくれあがっているが、針は正確に午前一一時二分を指している。原爆が落とされた時刻だ。横には「長崎を最後の被爆地に」という言葉が一一か国語で書かれている。その先に、上空から見た被爆前後の長崎の写真が展示されていた。

「原爆が落とされたとき、山田さんはどこにいらしたんですか」

私の問いに答えて山田さんが指さしたのは、爆心地から約二・三キロ北にある昭和町のあたりである。

その朝、山田さんは自宅の縁側で友達と将棋を指していた。終わったら一緒に近くの川に泳ぎに行くことにしていたが、途中でけんかになり、友達は一人で川に行ってしまった。友達はその後、川で原爆の熱線を浴びて亡くなったという。

友達が去ったあと、新聞配達の夜間中学生がやってきた。

11時2分を刻んだまま止まっている柱時計

山田さんの家から先は山間地になっている。山田さんは残りを代わりに配ってやることにして中学生から新聞を預かり、北へ向かって歩いた。

配達を終えて帰途につくと、三、四人の男の人が「落下傘だ」と言って空を指さしていた。

「あとでわかったのですが、それはラジオゾンデだったんですね。米軍が原爆の威力を測定するために落下傘をつけて落とした、無線機付きの観測機器です」

ラジオゾンデの落下傘を目撃したという証言は多い。長崎では三地点に落下したことがわかっており、三個のラジオゾンデのうちの一個がこの資料館に展示されている。

山田さんも立ち止まって見上げたが、落下傘を見つけることはできず、あきらめてまた歩きはじめた。

すぐ先の岩のかげにちょうど入ったときだった。突然ものすごい閃光《せんこう》に包まれ、地面に伏せた。耐えられないほどの熱さを全身に感じ、もう駄目だと思ったが、しばらくすると熱はスーッと引いていき、起き上がるとけがもやけどもしていなかった。さっき空を見上げていた男の人たちは、白いシャツに火がつき、必死にもみ消しながらのたうち廻っていた。

「原爆は、その瞬間、どこにいたかが運命を左右するんです」と山田さんは言う。爆心地からの距離が同じでも、遮蔽物があったかどうかで条件は変わる。たとえば同じ建物の中にいても、窓際にいたか、奥の部屋にいたかで被爆の程度はまったく違うのだ。

友達とけんかして川へ行かなかったこと。夜間中学生の新聞配達を代わってやったこと。落下傘を見るのをあきらめて歩き出したこと——それらの偶然が重なって、ちょうど原爆が落ちたとき、山田さんは熱線や爆風をさえぎる岩かげにいたのだった。

自宅に戻ると、家族も無事だったが、つぶれた家の前を、幽鬼のような姿となった人々が続々と通っていった。爆風で眼球が飛び出した工員が、同僚の肩を借りて通りながら、山田さんに向かって「坊や、この仇《かたき》を取ってくれ!」と叫んだことがいまも忘れられないという。

### 失われた遺構のレプリカ

山田さんと一緒に次の展示ゾーンに進む。ここでは被爆後の長崎の様子を、さまざまな展示によって伝えている。広いスペースに、爆風でねじ曲がった金属製の火の見やぐらや給水タンク、土台から吹き飛ばされたコンクリート製の橋塔などが配置され、大きなモニターには、被爆の惨状を伝える写真や被爆者の手記が映し出される。

中でも強い印象を与えるのは、奥にある巨大な展示だ。崩れかけたレンガの壁、元は美しかったであろうアーチ形の入口、変色した聖像たち——。

浦上天主堂の敷地内にある被爆した石の聖像

これは、爆心地の北東約五〇〇メートルにあった浦上《うらかみ》天主堂の側壁だという。

浦上天主堂は、一五八七（天正一五）年のキリシタン禁令にはじまる長い迫害の歴史をへて、一八七三（明治六）年にようやく禁制が解かれた信者たちが、レンガを一つ一つ積み上げて建てた聖堂である。高さ二六メートルの双塔をもち、東洋一の規模を誇っていた。原爆によって建物のほとんどが倒壊したが、南側の壁の入口付近は、ほぼ原形をとどめて残ったのだ。

だが、ここにあるのは実物ではなく精巧なレプリカである。戦後、被爆遺構を保存するべきだという声が上がり、原爆資料保存委員会もできたが、紆余曲折をへて、浦上天主堂の遺構は結局、撤去されることになった。

被爆した壁の一部が原爆落下中心地の近くに、また爆風で吹き飛んだ鐘や傷ついた聖像などが再建された天主堂の敷地内に保存されていると知り、資料館を出たあとに足を運んだ。それらの遺物は、爆風で壊れ、熱線に焼かれてなお、かつての美しさをとどめていて、それがかえって見る者の心をえぐる。原爆の非人間性が伝わってくるのだ。それだけに、遺構全体が保存されていれば、広島の原爆ドームと同様、重要な歴史の証人になったであろうと思えてならなかった。

### 「ファットマン」の実寸大模型

浦上天主堂の壁のレプリカがあった大きな展示室を出ると、原爆による被害の実相を、ジオラマや模型、被爆したもの(瓦《かわら》、レンガ、瓶《びん》、弁当箱、衣服など)の実物や、被爆した人たちの写真などによって伝える展示が始まる。

高熱で溶けたガラスと人の手の骨がくっついて固まったものや、頭蓋骨《ずがいこつ》の骨が付着した鉄かぶとは、いずれも爆心地付近で見つかったものだという。熱線の直射を受けて表面が沸騰したという瓦には、泡のような痕跡が残っていた。

制服姿の中学生たちが館内を廻っている。三、四人がひとかたまりのグループになっている

長崎に投下された原爆「ファットマン」の実寸大模型

が、みな無言のまま、メモを取るためのノートを胸に抱くようにして、展示物のひとつひとつを真剣に見ていた。

展示は「熱線による被害」「爆風による被害」「放射線による被害」という流れになっていて、説明は簡潔かつ論理的でわかりやすい。悲惨さを伝えるだけではなく、原爆とは何か（どのように開発され、どんな仕組みで、どうやって投下されたか、その後に何が起こるか）が、順序だてて理解できるようになっている。これによって、いままでピンとこなかったことがいくつも腑に落ちた。

印象的だったのは、長崎に投下された原爆の実寸大模型である。長さ（高さ）三・二五メートル、直径一・五二メートルのずんぐりした樽型で、派手な黄色に塗られている。その見た目からファットマン（太っちょ）と呼ばれた。

裏側に回ると、中がくりぬかれ、内部の構造がわかるようになっていた。プルトニウムが球形の容器に入れられ、それを包むように爆薬が配置されている。まず爆薬を爆発させ、それによってプルトニウムを内側に圧縮させて核分裂を起こす仕組みだ。

中心にあるプルトニウムの容器は驚くほど小さい。こんなに少量の物質があれほどの被害をもたらしたのだと思うと、核というものの恐ろしさがあらためて身に迫ってきた。

絵巻物「崎陽《きよう》のあらし」のメッセージ

「被爆者の訴え」というコーナーにさしかかったとき、山田さんが「ぜひともこれを見てください」と言って、展示ケースの前に立ち止まった。

そこにあったのは、被爆直後の街の様子が描かれ、説明文が書き込まれた絵巻物である。障子紙を貼り合わせた用紙は全長が一一メートルあるといい、展示されている原本では見えない部分は、タッチパネル式のモニターで見られるようになっている。

「崎陽のあらし」(崎陽とは江戸時代の長崎の別名)と題されたこの絵巻物は、原爆投下前の長崎の図に始まり、巨大なキノコ雲、ひしゃげた電車、倒壊した建物、無残な遺体となった人たち、たてがみと尻尾に火がついて暴れる馬などが、水彩で克明に描かれている。

作者は熊本県人吉《ひとよし》市の中学教師、深水《ふかみ》経孝《のりたか》氏。高校時代には全国観光ポスターの公募で特選となり、アメリカのボストン美術館に作品が展示された経歴をもつ。原爆が落とされたときは二四歳で、応召して爆心地から約四・六キロの長崎要塞司令部に勤務していた。

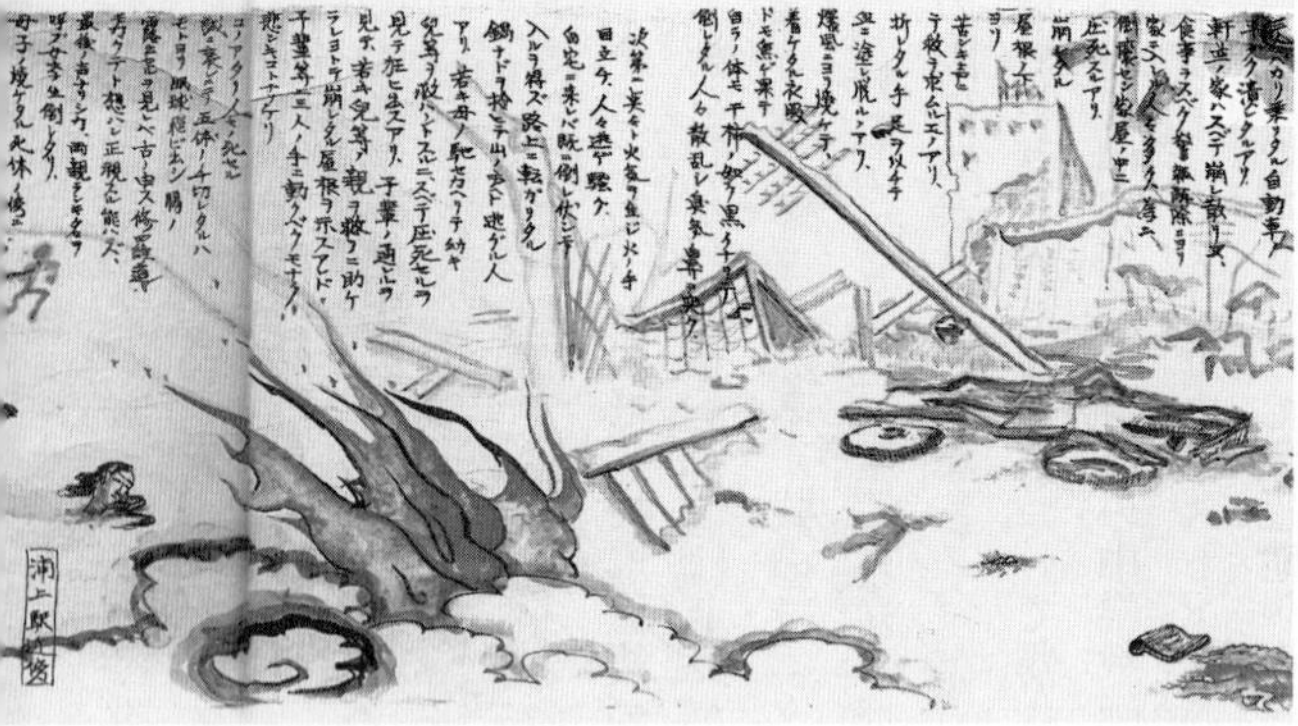

原爆投下直後、爆心地を抜けた先にある司令部倉庫を点検するため、同僚と市街地に入った。爆心地に近づくにつれて火災がひどくなったため、目的地に行くことを断念して被爆者の救護にあたった。そのとき見た地獄のような光景を、翌年の六月、わずか一週間で一気に描いたという。

絵に添えられた詳細な説明文にも圧倒される。

〈若キ母ノ馳《は》セカヘリテ幼キ児等《こら》ヲ救ハントスルニ、スベテ圧死セルヲ見テ狂ヒ出スアリ〉

〈五体ノ千切《ちぎ》レタルハモトヨリ、眼球飛ビ出シ腸《はらわた》ノ露出セルヲ見レバ、古《いにしえ》ノ申ス修羅道《しゅらどう》モカクテト想ハレ正視スル能《あた》ハズ。最後ノ声ナリシカ、両親ラシキ名ヲ呼ブ女学生倒レタリ〉

兵器工場が倒壊している絵には、次のような文章が添えられている。

原爆絵巻「崎陽のあらし」(1946年，部分．提供：長崎原爆資料館)

〈数百、千幾百ノ働ケル人々モ伏セ死シテ、既《すで》ニ、四方ヨリ揚《あが》リタル炎ノ下ニ焼キツクサレントシ、我等《われら》手ヲ空《むな》シクシ佇《たたず》ムバカリナリ。之ニテモ、今朝マデ増産ニ敢闘シタル人々ノ血ハ、点々トシテ落花《らっか》ノ如《ごと》ク悲シ。死セル人ノ胸ニ、挺身隊ナル文字ヲ見ルモ哀レナリ〉

広島で被爆し、生き残った原民喜の小説「夏の花」を思わせる、胸をえぐる描写が続く。原は被爆の六年後、一九五一(昭和二六)年に自死したが、原爆症に苦しんだ深水氏も、同じ年に自ら命を絶っている。

「崎陽のあらし」の最後に深水氏は、長崎は三方に山があるので、広島と比べると被害が及んだ範囲は狭いが、低いところに爆風が集中して甚大な被害が出たこと、その惨禍はとうてい紙の上に表現できないが、その百分の一でも残そうとしたことを記している。

広島に比べると言及されることの少ない長崎の原爆

被害を後世に伝えたい、それが生き残った自分の責務であるという思いが伝わってくる。絵と文章の質の高さといい、そこに込められたメッセージの重要さといい、まさに歴史に残る作品である。山田さんは、すでに何度も見たであろうこの絵巻物の前に、長い間立ち止まっていた。けがもやけどもせず、家族も無事だった山田さんは、自分よりもっと悲惨な目にあった人が大勢いるのにと思うと、なかなか体験を話す気持ちになれなかったという。

だが、二〇〇六(平成一八)年から長崎平和推進協会のボランティアガイドになり、修学旅行生から「(原爆で大やけどをした人が)なぜ病院に行かなかったのか」と問われ、何もかも焼き尽くし、人が人を助ける術さえ失わせる原爆の悲惨さを子どもたちが想像できないことにがくぜんとした。それをひとつのきっかけに、語り残すことの大切さを自覚したそうだ。

山田さんとともに資料館を廻ってみて実感したことがある。被爆の痕跡が残る品々は、もの言わぬ歴史の証人であること、そして、のちの世を生きる私たちのために、さまざまな形で記録を残してくれた大勢の人たちがいることだ。

そのおかげで、私たちはときを超えて、過去からのメッセージを受け取ることができる。もはや世界のどの地域も戦争に巻き込まれないとは言えず、核兵器が使用されるおそれも払拭できない今、惨禍の歴史を学ぶことを、未来を考える糧としたい。

# 稚内市樺太記念館
## ——戦争で手に入れた領土で起きたこと

〒097-0021
北海道稚内市港 1-6-28(稚内副港市場 2 階)

## 世界でも類を見ない巨大防波堤

桟橋《さんばし》の突端近くまで続く巨大なコンクリートのアーチを、七〇本の円柱が支えている。古代ローマの回廊を思わせるこの建築物は、北海道の稚内《わっかない》港にある、北防波堤ドームである。

写真では見たことがあったが、ここまでの威容は想像していなかった。この日、港には強い風が吹いていたが、ドームの中に入ると風の音は消え、異世界に足を踏み入れたような気分になった。

かつてこの桟橋には、樺太《からふと》航路の発着場があった。樺太(サハリン)の港町・大泊《おおどまり》(現コルサコフ)との間に、当時の鉄道省による連絡船が就航したのが一九二三(大正一二)年五月。夏期は約八時間、冬期は約九時間の航路だった。

資源の豊富な樺太で漁業や林業、鉱業に従事する人。工場で働く人。鉄道や道路といったインフラの建設や整備をする技術者。公務員や銀行員、会社員、商人。多くの人が海峡をこえて行き来した。国境見物に出かける観光客もいて、乗り場はにぎわった。

宮沢賢治や林芙美子《はやしふみこ》も、ここから宗谷《そうや》海峡を渡って樺太を旅している。賢治が渡航したのは連絡船が就航してまもない一九二三(大正一二)年八月、芙美子はそれから一一年後の一九三四(昭和九)年六月である。

芙美子は紀行文「樺太への旅」の中で、連絡船に乗り合わせた人たちを描写している。

ベンチに座って弁当を広げる漁場行きの家族。ゲートルを巻いた材木商人。紋付を着た芸者。ロシア人の太った老婆。樺太の両親のもとへ帰っていくところと思われる女学生もいた。札幌で同じ宿だった〈ウテナクリームのマネキンの女たち〉も一緒だった。都会風のいでたちで、はつらつとした彼女たちは、いまならブランド化粧品の美容部員といったところだろうか。

こうした客層を見ても、さまざまな年代、職業、階層の日本人が樺太で暮らし、連絡船で行き来していたことがわかる。樺太島の南半分が日本領となって三〇年近くがたったこのころは人口も増え、一九三五(昭和一〇)年の国勢調査によれば、三三万人あまりの日本人が樺太に

稚内港北防波堤ドーム

居住していた。

そして一九三六(昭和一一)年、世界でも類を見ないドーム型の巨大防波堤が完成する。連絡船を高波から守り、乗船を待つ人々に波の飛沫《しぶき》がかかるのを防ぐための施設だった。二年後には桟橋まで鉄道が延長され、ドーム内に「稚内桟橋駅」が設置される。それまで、稚内駅で列車を下りた乗客は桟橋まで歩かなければならなかったが、その必要はなくなり、ドームに守られた駅で下車して、そのまま連絡船に乗り込むことができるようになった。以後、ドームは船だけでなく、線路と列車を風と波から守る役割も担うことになった。

### 日露戦争の勝利で手に入れた領土

稚内の名所となり、絵葉書も作られたこのドームが、着の身着のままで樺太を逃れてきた避難民であふれたのは、終戦の年の夏のことだ。

一九四五(昭和二〇)年八月八日、ソ連が日ソ中立条約を一方的に破って日本に宣戦布告。樺太では、八月一一日に国境線をこえてソ連軍が侵攻してきた。

二日後の一三日から、ソ連が渡航禁止令を出した二三日まで行われた緊急疎開では、七万六〇〇〇人あまりの住民が島外に避難した。その九割近くが稚内港に上陸し、ドームは立錐の余地もないほど混雑したという。しばらくの間、ここで寝泊まりする人たちもいた。

近代建築の遺構としても貴重で、最近ではその美しさから映画やコマーシャルの撮影にも使われているこのドームは、戦争に翻弄された人々を見つめてきた、もの言わぬ証人でもあるのだ。

稚内市樺太記念館に展示された稚内桟橋駅の模型

緊急疎開の後、公式の引き揚げが一九四六(昭和二一)年から一九四九(昭和二四)年まで行われ、稚内港に上陸した避難民の中には、そのまま稚内に定住する人たちもいた。一九四九年の調査では、稚内に在住する引揚者は五四九四人で、うち四九六一人が樺太からの引揚者だった。これによって稚内の人口は三万を超え、市制が敷かれることになった。

「引き揚げてきた方やその家族、親族がこの町にはいまも大勢暮らしています。樺太と稚内は、宗谷海峡をはさんで四三キロという近い距離にあるだけでなく、歴史的にも深いつながりがあるんです」

そう話すのは、稚内市教育委員会の斉藤譲一さんだ。学芸員でもある斉藤さんに、樺太関連の資料を収蔵する稚内市樺太記念館を案内してもらった。

市が収集した資料に加え、全国樺太連盟から二〇〇〇点に及ぶ資料の寄贈を受けて二〇一八(平成三〇)年にオープンしたこの記念館は、日本領だった四〇年間の樺太の歩みがわかる構成になっている。

境界の島である樺太/サハリンの歴史は複雑だ。もともとアイヌ、ニブフ、ウィルタなどの先住民の土地だったこの島は、近代になると、東進するロシアと北上する日本がせめぎ合う場となった。

一八五五(安政元)年の日露和親条約では島の帰属を定めず、雑居状態のままとした。その後の一八七五(明治八)年、両国は樺太千島《ちしま》交換条約を締結し、サハリン全島をロシア、千島列島を日本が領有すると定めた。

三〇年間にわたって続いたこの状態に変化を起こしたのは、日露戦争での日本の勝利である。一九〇五(明治三八)年に結ばれた講和条約(ポーツマス条約)で、島の南半分(北緯五〇度以南)が日本領となった。すぐに鉄道や道路が整備され、資源が豊富な樺太に多くの日本人が渡る。一九四五(昭和二〇)年八月にソ連軍が侵攻してきたときには約四〇万人が暮らしていた。

## 日本の近現代史の縮図

記念館でまず目に入るのは、北緯五〇度線に設置された国境標石のレプリカである。日露が共同で作業を行った国境線の画定から、日本領樺太の歴史は始まった。

標石は国境線上の四か所に置かれていた。上部が少しすぼまった四角柱で、高さは六〇～七〇センチほど。花崗岩でできていて、日本を向いていた側には菊の紋章が、ロシアを向いていた側にはロマノフ王朝の紋章である双頭の鷲が刻まれている。一九一七年のロシア革命でソ連になってからも、引き続きこの標石が使われた。

面白いのは、この国境標石をかたどった木製ミニチュアの土産物が展示されていることだ。白樺細工でできており、台座の裏には「昭和八年八月、敷香《しすか》にてお土産として購入」と書かれているという。敷香とは、国境近くにあった町の名だ。樺太は観光地でもあり、わざわざ国境を見に行く人たちがいたことがわかる。観光ガイドブックも発行されていた。

館内では、樺太で暮らし、引き揚げを経験した人たちの証言ビデオも見ることができる。樺太は火力発電に必要な上質な無煙炭を産出し、製紙工場の電化が進んでいたこと、樺太庁が置かれた中心都市・豊原《とよはら》(現ユジノサハリンスク)は、電話がほとんど手動だった時代に自動化されていて交換手が要らなかったこと、戦時中も解放的な雰囲気だったことなど、貴重な話ばかりだ。

私は、二〇一七（平成二九）年、一八年、一九年と、三回にわたってサハリンで取材をしたが、製紙工場、銀行、役所などの大規模な建築物、博物館や公園といった文化施設など、日本時代の遺構が数多く存在していた。鉄道や道路、港湾などのインフラは現在も引き継がれ、建築物も用途を変えて使われていた。北の果ての島というイメージとは裏腹に、豊かな暮らしが営まれていたことを実感として理解した。

樺太庁が設置され、鉄道が敷かれた明治時代。森林資源の開発が進んで製紙工場が作られ、漁業から林業へ基幹産業が転換した大正時代。次々と炭鉱が開かれ、人口も増えて都市文化が生まれた昭和時代。そして、突然のソ連軍の侵攻と引き揚げ。

戦争によって獲得した領土である樺太は、国家が資本を投じて発展を遂げた四〇年をはさんで、あらたな戦争によって失われた。それは日本の近現代史の縮図そのものといえる。

### 引揚船で稚内港へ

六歳になる直前、緊急疎開の引揚船に乗って稚内にたどりついたという女性を斉藤さんに紹介してもらい、話を聞くことができた。

稚内市声問《こえとい》に住む濱谷悦子さん（一九三九年生まれ）。稚内港に上陸したのは深夜で、真っ暗な中を、一緒に下船した大勢の人たちと列になって北防波堤ドームの中を歩いたことを覚えているという。その日はドーム内で夜を明かした。

濱谷さんは大泊で生まれ、樺太庁のあった豊原で育った。父は、自身の兄が経営するタクシー会社に勤めていた。引き揚げのとき母がアルバムからはがして持ってきたという写真を見せてもらったが、そこに写る通りや建物の様子、人々の服装や室内の調度品などからは、樺太での豊かな暮らしが伝わる。戦時中も食べ物に困ることはなく、戦争末期になるまで、せっぱつまった雰囲気はなかったという。

だがソ連の侵攻と敗戦で状況は一変する。緊急疎開では一五歳以上の男子は現地に残ることになり、母ひとりで、七歳、五歳（濱谷さん）、三歳、一歳の四人の子をつれて引き揚げることになった。

「家を出たのは八月二〇日頃だったと思います。豊原駅の前で野宿し、待ち続けてようやく乗れたのは、石炭を運ぶ無蓋《むがい》貨車でした」

駅ではないところで停車したとき、用便のために降りた人たちを置き去りにして貨車が動き出した。「待って！」と叫びながら追いかけてきた人たちの必死の形相が、いまも目に焼き付いて離れないという。

ようやく大泊に着き、船に乗ることができたが、船底にはぎっしりと人が詰め込まれ、身動き一つできない。通路は排泄物であふれ、ひどい悪臭がした。

「定員の五倍近い人が乗っていたと、あとで知りました。よく沈まなかったと思います」

豊原では、濱谷さんたちが出発した後の八月二二日、多くの避難民が汽車を待っていた駅前が空襲された。

「三〇〇人以上の死傷者が出たと聞きました。もう戦争は終わっていたのに……。私たちも一日か二日、出発が遅れていたらどうなったかわからない。引き揚げのことはつらくて思い出したくないけれど、亡くなった人たちのことを思うと、命があるうちに伝えておかなければならないと思うんです」

私がサハリンを訪れたとき、空襲のあった豊原駅(現ユジノサハリンスク駅)前の広場は、レーニンの巨大な銅像のある公園として整備され、惨事の面影はどこにもなかった。

## 一般市民を巻き込んだ地上戦

記念館をあとにして、宗谷海峡を見下ろす丘の上にある北方記念館を訪れた。ここにも樺太関連の資料が展示されている。強い印象を受けたのは、ソ連軍が上陸してきた西海岸の港町・真岡《まおか》(現ホルムスク)の郵便局で通信業務を続けた九人の若い女性についての展示だ。

稚内公園に建つ「九人の乙女の碑」

電話交換手だった彼女たちは、島民の緊急疎開が始まってからも真岡に残り、業務を続けていた。八月二〇日朝、ソ連軍が上陸して郵便局周辺にも戦火が及ぶ。交換室に弾丸が飛び込んでくる状況の中、戦況を電話で伝え続けた九人は「皆さんこれが最後です。さようなら、さようなら」と告げ、青酸カリを飲んで自決した。彼女たちの中には一〇代の女性もいた。展示されている九人の顔写真の、少女っぽさを残した面差しに、胸がつまる思いがした。

この悲劇を描いた映画『樺太一九四五年夏　氷雪の門』が一九七四(昭和四九)年に公開されたが、ソ連からの圧力で上映中止となり、三六年後の二〇一〇(平成二二)年にようやく短縮版の全国上映が実現した。その経緯も展示では説明されている。

一般市民を巻き込んだ地上戦が行われた地として知られているのは沖縄だが、樺太もまた、上陸してきたソ連軍の砲撃や銃撃によって市民が犠牲になっている。その多くが、皆がもう戦争は終わったと思っていた八月一五日以降のことだった。また、引き揚げについても、樺太の悲劇は、満州ほどには知られていない。

戦後、ロシアはサハリンの門戸を固く閉ざし、日本人が渡ることは基本的にできなかった。一九九〇年代のはじめから行き来ができるようになり、市民間の交流もさかんになったが、二〇二二(令和四)年のロシアのウクライナ侵攻の影響で、現在、渡航は難しくなっている。

稚内市はサハリンとの交流がさかんで、町には道路標識や商店の看板にロシア語の表記が見られる。二〇〇二(平成一四)年にはユジノサハリンスク市に、稚内市の職員が駐在する「稚内市サハリン事務所」を開設し、現地の情報収集や交流の拠点としてきた。

だが、ロシアのウクライナ侵攻によって、コロナ禍で帰国していた職員をふたたび派遣することができなくなった。事務所が休止状態のまま二年が過ぎ、借りている建物の更新時期が迫る中、存続か廃止かで揺れているという報道を耳にしたのは、二〇二四(令和六)年の春である。

工藤広《ひろし》市長の下した判断は「存続」だった。この状況で事務所をなくすと、これまで交流を続けてきたサハリンの人たちに誤ったシグナルを送ってしまう、次世代のために友好の絆を絶やすべきではない、という考えだ。

国家間では厳しい状況にあっても、市民同士、人間同士が時間をかけて培ってきたものは信じるに値する——それは、サハリンを旅して多くの人と出会った私の実感でもある。

過去という土壌の上に現在があり、足元の歴史を知ることで私たちは未来を思い描くことができる。こんなときだからこそ、戦争によって手に入れ、戦争によって失った領土である樺太で起きたことを、「忘れられた歴史」にしてはならないと強く思う。

# 満蒙開拓平和記念館
## ──「国策」がもたらした8万の死

〒395-0303
長野県下伊那郡阿智村駒場 711-10

## 満蒙《まんもう》開拓団とは何か

長野県の南端、下伊那《しもいな》郡にある阿智村《あちむら》は、中央アルプスの恵那山《えなさん》をのぞむ静かな村である。山間を縫って流れる阿知川のほとりに、ポプラの木立に囲まれて、満蒙開拓平和記念館が建っている。なだらかに傾斜した瓦葺《かわらぶき》の屋根を戴いた、シンプルな木造の建物だ。二〇一三(平成二五)年四月にオープンしたこの記念館は、私が一度は訪ねたいと思っていた場所である。

記念館の建物の中心をつらぬいているのは板張りの明るい廊下で、美しく組まれた木の梁《はり》の上から自然光が入るようになっている。その両側に展示室が並び、満蒙開拓団の苦難の歴史を、順を追って理解することができる。

廊下の突き当たりにあるのは、空間をたっぷりとった居心地のいいセミナールーム。ここがいかに大切な場所であるかは、あとでまた書きたいと思う。

まずは、満蒙開拓団とは何だったのかについて簡単に説明したい。空襲、原爆、沖縄戦など、一般市民が巻き込まれた戦争の悲劇は、本やテレビニュース、ドキュメンタリーなどで繰り返し取り上げられてきたが、旧満洲(現在の中国東北部。以後「満洲」と表記する)については知る機会が少ないからだ。私自身、四〇代の終わりに、満蒙開拓団にいた人たちに取材をするまで、ごく大ざっぱな知識しかなかった。

一九三一(昭和六)年、陸軍部隊(関東軍)が満州事変を起こし、奉天《ほうてん》(現在の瀋陽)などを占領。翌一九三二(昭和七)年、清朝最後の皇帝・愛新覚羅溥儀《あいしんかくらふぎ》を担ぎ出し、日本の傀儡《かいらい》国家である満州国を建国する。以後、広大な土地と資源を有する満州を、国は新天地として宣伝し、移民を奨励した。

当時の日本は、世界大恐慌の影響による不況の中にあり、農村は疲弊していた。そんな中、国策として実施されたのが満蒙開拓団の送出である。政府は一〇〇万戸移住計画を作成し、各府県に移民の送り出しを求めた。その結果、全国四七都道府県のすべてから、約二七万人の満蒙開拓団が海を渡った。

この国策の第一の目的は、人減らしと開拓による資源の獲得だった。国内の農民の数を減らせば、一戸あたりの耕作地は増える。政府は農家の次男、三男を中心に、「満州に行けば二〇町歩《ちょうぶ》の土地がもらえる」と宣伝した。二〇町歩は約二〇ヘクタールで、東京ドーム約四個分である。

満州に渡った男性たちのために「大陸の花嫁」の募集も盛んに行われた。また、村を二つに分け、半分がまとまって移住することで、残り半分の人たちの耕作地を二倍にする「分村」も実施された。

もうひとつの目的は、国境を接するソ連の脅威に対する盾となることで、初期の開拓団は農業経験のある在郷《ざいごう》軍人を中心とする武装移民だった。

現地の状況は入植した地域によって異なり、荒れ地を一から開墾した開拓団もあるが、多くは現地の中国人から安値で強制的に買い上げた、すでに耕作済みの土地があてがわれた。

## 悲惨をきわめた逃避行

一九四五(昭和二〇)年八月九日、ソ連軍が満州に侵攻する。日本軍は市民を守ろうとせず先に撤退、壮年の男性は根こそぎ動員によって集落を離れていた。情報もなく守ってくれる者もいない女性や子ども、老人の逃避行は悲惨をきわめ、およそ八万人が命を落とした。そうした混乱の中で肉親と別れ、中国人の養父母のもとで育てられた子どもたちや、やむなく中国人の家庭に入った女性たちもいる。

私は戦争にかかわるノンフィクションを書いてきたので、当事者への聞き取りをずいぶん行ったが、開拓団の人たちへの取材はほんとうにつらかった。かつて土地を奪われ、日本人に恨みを抱いていた中国人による襲撃、集団自決、飢え、留め置かれた収容所での伝染病の流行とおびただしい死、ソ連兵の暴行、子どもを手放した親たち……。

満州で産婆《さんば》(助産師)をしていた女性は、徒歩での逃避行の途中で多くの赤ん坊を取り上げたと語った。水も、くるんでやる布もなく、ほとんどが数時間で亡くなったという。出産を終えた母親は三〇分も休まずに立ち上がり、また歩き出した。列から脱落することはそのまま死を意味するからだ。

「息絶えた赤ん坊を、腰や背中の荷物の上にくくりつけて歩いていた母親がたくさんいたよ。もう死んでるってまわりが言っても聞かないの」と話したその女性も、四歳と二歳の女児を栄養失調で亡くしていた。一人目のときは野犬に食われるよりはと川に流した。二人目のときは遺体を抱いて歩いたが、やがて蠅《はえ》がたかり、見かねた人が列を離れて埋めに行ってくれた。亡くなる前に水を飲ませたとき、子どもは無意識に、食べ物を噛むときのようにびんの口をガチガチと噛んだという。それほど飢えていたのだ。

「いまでもその音が忘れられません」と話したその人は、取材させてもらったとき、九二歳になっていた。

歴史的な背景もできるかぎり調べて原稿にしたが、力が及ばなかったとの思いが残った。

数年をかける覚悟があれば、さらにつっこんで取材することもできただろう。だが、あまりの悲惨さに怯《ひる》み、また、話を引き出すことで封印してきた記憶をよみがえらせてしまうことに躊躇して、短い記事を書いただけに終わってしまった。

満蒙開拓平和記念館の開館のニュースを知ったのは、それから五年ほどたった頃だ。全国の開拓団の中でも、長野県はもっとも多い三万七八五九人が満州に渡った。阿智村のある下伊那地方は、中でもたくさんの移民を送り出した地域である。中国に残留した人たちも多く、その帰国支援を長く行ってきた。そうした活動を通して、満蒙開拓の史実を語りつぐ拠点が必要であるとの気運が高まり、民間の主導でこの記念館が建設されたという。

ぜひ訪ねたいと思ったのは、ひとつには、ここが満蒙開拓団に特化した唯一の記念館だからだった。もうひとつは、悲惨さのみに目を向けるのではなく、背景にある日本の近代史をていねいにたどることで、満蒙開拓とは何だったのかを来館者とともに考えようとする姿勢が、ホームページなどから見て取れたからだ。

## 被害と加害がからみあった複雑さ

ようやく訪れることのできた記念館は、やはり「ともに考える」という姿勢が徹底していた。

展示は、満州国の建国や、開拓団を移民として送り出すことになった理由から始まり、満州が希望の大地から悲惨な逃避行の舞台となった経緯、さらには帰国してからの苦労までが、各種の資料や証言、映像によって理解できる流れになっている。

来館者がもっとも長く足をとめていたのは、体験者の証言を読むことのできる部屋だ。満蒙開拓団というと、どうしても引き揚げの話が多くなるが、ここにある一三人の体験者の証言からは、なぜ、どういう経緯で満州に行ったのか、そこはどんな土地だったのかが、リアリティをもって伝わってくる。

体験者一人ひとりの証言を紹介する展示

長野県では、行政や教育界のリーダーに満蒙開拓推進論者が多く、地域の有力者や教師などが農民を説得して回った。

〈村の偉い人たちが家に来てしきりに「お前さんたちこそ満州へ行くべきだ」ってすすめてくれた。日本じゃ仕事がない、満州へ行ったら二十町歩の田畑をくれるんだから、二十町歩の大地主になれるんだって。(中略)母親はいやだったようだけどね。あの時はああするしかなかったんだな。日の丸へ寄せ書きしてくれて、兵隊さん送ってくれるみたいに盛大に送ってくれたんだ〉(小木曽弘司さん　一九四〇年渡満、シベリア抑留《よくりゅう》をへて一九四八年引き揚げ)

移民を推進した側だった人の証言もある。

〈人口を減らすこと、日本の(一人当たりの)農地を拡大するには一家で行く方が効果的だと。次男坊や三男坊が分家して土地をもらったり財産を分けてもらったりすると小さい農家になってしまうからと。そういう人を対象に勧誘しろと、そういう原則があったわけだ〉(植松辰重さん　一九三九年渡満、シベリア抑留をへて一九四八年引き揚げ)

そして、敗戦後、開拓団の集落が中国人から襲撃を受けたことについて。

〈二つの部落、中和屯という部落は一人残っただけであと全員殺されちゃった。三十八人。棒で頭を殴られたそうですけど。(中略)「五族協和」なんてとんでもない話で、日本人は一等国民、朝鮮人が二等国民、中国人は三等国民。もうあからさまの差別。そういう状態で土地を取りあげて、家屋を取りあげて、だまっとるわけないでしょう。旗色が悪いと見てすぐに暴動がおきるのも何も不思議じゃなかったんですよ〉(可児力一郎さん　一九四一年渡満、一九五八年帰国)

かつて私が取材をした中にも、自分たちが入植したのは中国人の土地だったことに、戦後ずっと後ろめたさを感じてきたと話す人が複数いた。満蒙開拓団の悲劇があまり知られていないのは、自分たちは加害者でもあったという自責の念から、沈黙を守ってきた人が多かったためもある。同じ農民であるからこそ、苦労して耕した土地を奪われることの理不尽さを理解できた面があったのかもしれない。

さらに、徴兵や徴用とは違って、行政などに促されたとはいえ、開拓団の人々は個々の決断をへて移住している。「強く大きくなる日本」に自分を重ねて新天地を求めた部分もあり、人のせいにできないとの思いもあっただろう。

満蒙開拓には、被害と加害がからみあった複雑な側面がある。それは、近代の戦争を考えるとき避けて通れない複雑さだ。そこに向き合うことが歴史を考える第一歩であると、記念館の展示からも、ていねいに作られた図録からも伝わってくる。

## 当事者の壮絶な体験を聴く

セミナールームでは、元団員だった方が定期的に講演を行っている。私たちが訪れた日の語り部は、久保田《くぼた》諫《いさむ》さん(一九三〇年生まれ)。終戦直後、襲撃を受けて殺されるよりはと、集落

「語り部定期講演」が開かれるセミナールーム

全員で集団自決することに決め、皆で殺し合った経験を語った。

集落は老人と女性、子どもばかりで、一五歳と若かった久保田さんは「(自決を)何人手伝ったかわからない」という。最後に残った一〇歳上の男性と互いに石で眉間《みけん》を殴り合い、血が流れて気を失ったが、降り出した激しい雨に打たれて二人とも目が覚めた。あたりには七三人の遺体が折り重なっていたという。

久保田さんがたんたんと語る壮絶な体験を、集まった人たちは真剣に聴いている。記念館は不便な立地にあるが、開始時間が近づくと次々と入館者が訪れ、聴衆は一五人ほどになっていた。中には三重県から来たという人もいる。こうした会はどうしても年配の人が多くなるが、年代は幅広く、若い人もいる。

受付を担当していたのは近隣にある松川高校のボランティア部の女子生徒二人で、講演が始まる前は、展示室で説明の練習をしていた。

## 国策に従った果てに

記念館でひとりの男性に出会った。一九三五(昭和一〇)年生まれの滝澤新一さん。長野県安曇村《あづみむら》の出身で、小学校に上がってすぐ、家族で三江省通河県の張家屯《ちょうかとん》に入植した。終戦のとき一〇歳。父は現地召集されており、母は終戦後に死去、滝澤さんを頭に三人兄弟が残された。幼かった二人の弟は中国人の家庭に引き取られ、滝澤さんは、それから日本に帰るまでの八年間を、ひとりで生き抜いた。中国人の農家で牛や馬の世話をし、そこで寝泊まりさせてもらっていたという。

「どんなことをしてでも帰りたいという気持ちはずっと持っていました」

と滝澤さん。帰国がかなったのは一九五三(昭和二八)年で、一八歳になっていた。そこからまた苦難の日々が始まる。理路整然と話す現在の姿からは想像もできないが、帰国時は日本語を忘れていたという。一〇歳から学校に行くことができなかったので、学歴もない。

「中国では中国人と一緒に働いていましたが、差別されることはなく、帰国してからの方が苦労しました」

努力を重ねて就職し、家庭を持った。明晰な日本語をどうやって身につけたのか聞くと、詩《し》吟《ぎん》を習ったという。自分の手でひとつひとつ人生を切り拓いてきたのだ。

この日、滝澤さんと一緒に来館していたのは、五〇代の息子さんだった。残留孤児となった滝澤さんの弟(息子さんにとっては叔父にあたる)が二〇年ほど前に家族で帰国したことをきっかけに、父の人生を深く知りたいと思うようになったそうだ。記念館の存在を知って、滝澤さんを連れてきたのは息子さんだという。

記念館のスタッフが、父親が同じ張家屯にいたという七〇代の大澤隆男さんを滝澤さんに引き合わせた。大澤さんの父はすでに亡くなっている。生前に話を聞いておかなかったことを後悔しているといい、滝澤さんが語る当時の話に熱心に耳を傾けていた。

この記念館は、展示の内容は重たいが、雰囲気は決して暗くない。展示を見るだけでなく、人が集まって話を聞き、語り、考え合う場所であることが、独特の前向きな空気を作り出している。必要なのは、世代をつなぐこうした場なのだと思った。

満蒙開拓団について調べ、考えるときに、必ず突き当たるのが国策という言葉だ。満州は王道楽土の理想郷であると教えられ、国の勧めにしたがって海を渡った農民たちは、豊かな暮らしを手に入れ、同時に国民としての義務も果たせると考えたに違いない。

だが、かれらは戦後、国とは何か、国策とは何かという問いに直面せざるを得なかった。それは現代を生きる私たちにとっても、国家と個人の関係をめぐる重い問いである。国の政策だからとやみくもに従うのではなく、日々の生活の中で培った倫理観に照らしてその是非を判断することの大切さを、満蒙開拓の歴史は教えてくれる。

# 舞鶴引揚記念館
## ──シベリア抑留の帰還者を迎えた町

〒625-0133
京都府舞鶴市平 1584 引揚記念公園内

## シベリア抑留の一次資料を収蔵・展示

記念館に足を踏み入れると、エントランスホールで、ユーラシア大陸の巨大な地図に迎えられた。これまでに訪れた戦争にかかわる記念館・資料館の多くに、関連する地域の地図があったが、それらはみな壁に掲示されていた。だがここでは、足もとの床いっぱいに描かれている。もしこの地図が壁に掛けられていたなら、数メートル後ろに下がらないと、全体を見渡すことはできないだろう。それほど広い地域が描かれている。

地図上に点在する丸印は、第二次大戦後、シベリアをはじめとするソ連領内で日本人が強制労働に従事させられた収容所の場所を示している。その数の多さにまず圧倒され、さらに、地図の東端にある日本列島からの距離に呆然とさせられる。こんなに遠くまで連れていかれたのか、と。

いわゆるシベリア抑留だが、丸印はシベリアだけでなく、ウズベキスタンやカザフスタンなどの中央アジア、そして黒海に近いウクライナやジョージア(グルジア)にもある。ロシア軍によるウクライナ侵攻の報道で、オデーサ(オデッサ)という地名をしばしば耳にしたが、その近くにも大規模な収容所があり、二万人以上が収容されていたことが、この地図からわかる。

終戦時、満州や朝鮮半島北部、樺太、千島列島などにいた日本人のおよそ五七万五〇〇〇人がソ連に連行されて抑留された。そこには軍人、軍属だけでなく一般人も含まれ、また少数だが女性もいた。過酷な労働と寒さ、劣悪な衛生環境、食料事情の悪さなどによって、およそ五万五〇〇〇人が帰国できないまま亡くなった。

ここ舞鶴引揚《まいづるひきあげ》記念館には、抑留されていた人たちが持ち帰った日誌、手紙、手帳、衣服、手作りの食器などの貴重な資料が展示されている。

マイナス三〇度にもなる極寒の地で身を守るには不十分な防寒衣、湯たんぽの代わりにしたという日本軍の金属製の水筒。捕まえたマムシを煮て食べたという木靴は、中央アジア・カザフスタンの収容所で使用されたものだ。食器が支給されない収容所が多かったといい、自作のスプーン、箸、ナイフなどもある。金属製のスプーンは、落ちている金屑を拾い、石炭の暖炉で溶かして、煉瓦などで作った型に流して作ったという。

ジョージアやウクライナに連行された人々は、ドイツやハンガリーなどの捕虜と同じ収容所になることがあり、交流が生まれた。その際に譲り受けたり交換したりした、水筒や飯盒《はんごう》、煙草ケースなどもある。

全国の抑留経験者やその家族から寄贈された資料は、常設展示されていないものを含めると、およそ一万六〇〇〇点にのぼる。おそらくここは、シベリア抑留の一次資料(当事者などによる直接的な資料)が全国で最も多く収蔵されている施設だろう。

## 最後の引揚港・舞鶴

ではなぜ、舞鶴にこうした施設があるのだろうか。

舞鶴とシベリア抑留の関係は、もともと軍港だったこの港が、一九四五(昭和二〇)年九月、日本政府によって引揚港に指定されたことからはじまる。

第二次大戦終了時、海外に残された日本人は軍民あわせて約六六〇万人いた。アメリカ軍管区、オーストラリア軍管区、イギリス軍管区、中国軍管区からの引き揚げは一九四七(昭和二二)年中にほぼ終了したが、ソ連軍管区からの引き揚げはなかなか進まなかった。ソ連が戦後復興のための労働力として日本人を留め置いたからだ。

抑留者にはさまざまな重労働が課された。原生林の伐採と運搬、鉄道の敷設、炭鉱労働、石炭の運搬……。もっとも長い人は一〇年以上ものあいだ抑留され、労働を強いられた。

引揚指定港は当初、全国に一〇か所あったが、一九五〇(昭和二五)年以降は舞鶴が国内唯一の引揚港となり、引き揚げの遅れていたシベリア抑留者を多数迎え入れることになった。
筆舌に尽くしがたい辛苦をへて帰国した人たちが最初に見た故国日本は、緑の山々を背にした舞鶴港の景色であり、出迎える舞鶴市民の姿だった。私は二〇一二(平成二四)年にもこの記念館を訪れているが、そのときに見た歌手の故・三波春夫さんの色紙の句が忘れられない。
〈敗れても故郷《くに》はここぞと旗の波〉
二〇歳のときに徴兵され、二二歳で敗戦を迎えた三波さんは、約四年間の抑留生活を送り、一九四九(昭和二四)年九月、舞鶴港に帰還した。船から見えた松の緑が目にしみたという。港では出迎えの人たちが振る無数の旗が揺れていた。
舞鶴の人たちは、炊き出しや傷病者の見舞い、一般家庭から募った衣料品の提供、慰問の演芸会など、精いっぱいの歓迎をした。ある帰還者はこんな手記を残している。
〈桟橋を埋める歓迎の人波、
御苦労様でした――の大文字を書いた幟《のぼり》、
地元婦人会の人達の白いエプロン、日の丸の小さな紙の旗。
不明にも私はこんなにも温かい出迎えを受けるとは
予想もしていなかった。

石の礫《つぶて》を投げつけられても文句は言えない敗残の身への、祖国の人達の思いやりの心に胸迫り、目頭を熱くしたのは私一人ではなかったようだ〉（記念館の図録に掲載された「引揚手記　私の引き揚げ」より）

この町で心身を休め故郷に帰っていった人たちは、温かくもてなしてくれた人たちのことを忘れず、舞鶴市民も、彼らとの交流を自分たちの町の歴史として大切に語り継いだ。こうして帰還者と市民は縁を結び、シベリア抑留の貴重な記録が舞鶴に集まることになったのである。

## 記録性の高い資料の数々

文字による記録性の高い資料が数多く収蔵されているのも、この記念館の特徴だ。たとえば、舞鶴市出身の瀬野修氏による「白樺日誌」。白樺の皮に、折々の出来事や感慨を綴ったおよそ二〇〇首の和歌が、日付とともに記されている。

紙が入手できない中、白樺の皮をはがし、空き缶で作ったペン先を使って書いた。煤《すす》を水に溶かして作ったインクの文字は、いまも驚くほど鮮やかだ。ソ連による厳しい所持品検査をくぐり抜け、奇跡的に持ち帰ることができたという。

〈九月末作業終了一斉帰還の噂ひろごりひた思ふ故国を〉

昭和二一年九月七日の日付がある歌である。九月末に作業が終了して一斉に帰還できるという噂が広がったのだろう。内容の具体性や、抑留者の心情が伝わる表現はもちろんのこと、すべての歌に日付があることが、記録としての価値を高めている。

帰国の噂に心を躍らせ、デマと分かって落胆した話は、抑留者の手記にしばしば出てくる。瀬野氏が実際に帰国できたのは、一九四七(昭和二二)年だった。

瀬野修氏による「白樺日誌」
(提供：舞鶴引揚記念館)

展示品には、セメントの袋を切って作ったメモ帳もある。名刺よりも小さなサイズで、靴の中に入れて持ち帰ったそうだ。別の人が手作りした手帳が一緒に展示されていたが、解説文によれば、その中には、日々の出来事のほかに、仲間たちの名前と日本国内の住所が記されているという。

先に帰国できることになった者が、収容所に残る仲間の家族に安否を伝えるため、見つかれば厳罰に処される危険を冒して持ち帰ったのである。

これらのほか、収容所で描かれた抑留生活の絵や、シベリ

セメント袋で作られた手帳

アと日本をつなぐ唯一の手段だった俘虜《ふりょ》用郵便葉書など、世界的に重要で記録性の高い資料五七〇点が、二〇一五（平成二七）年、ユネスコ世界記憶遺産（二〇一六年より「世界の記憶」）に登録された。

館内には、収容所で抑留者への共産主義教育のために発行されたガリ版刷りの「日本新聞」も展示されており、これも世界記憶遺産に含まれている。一九四五（昭和二〇）年一二月二二日に発行された紙面のトップは〈現代の英傑　スターリン大元帥の誕生日〉と題された記事で、スケッチ風のスターリンの肖像画が掲載されている。

収容所内では、さまざまな形で共産主義教育が行われたことが知られているが、その実態は必ずしも明らかになっていない。「日本新聞」からはその一端がわかるが、この新聞はソ連の国外へ持ち出すことが固く禁じられていた。記念館は、苦労して持ち帰ったと思われる一九四五（昭和二〇）年から一九四七（昭和二二）年までの二一点の「日本新聞」を所蔵しており、まさに歴史的資料といえる。

## 帰還を待ち続けた人々

世界記憶遺産の登録資料リストには「死亡者名簿」と分類されたものが四点ある。抑留中に亡くなった人の名前と日本の住所などが記されており、これも仲間の家族に伝えるために持ち帰ったものだと思われる。

仲間がいつどこで、どのように亡くなったのかを伝えることも、生還者の大切な役目だった。生死もわからないまま、父や夫、兄弟、息子を待ち続けなければならなかった家族がたくさんいたのである。

その中には、引揚船が入港すると聞くと、帰ってくるかどうかわからなくても舞鶴に駆けつける人たちがいた。一九五四(昭和二九)年にヒットした歌「岸壁の母」のモデルとなった端野《はしの》いせさんもその一人だ。息子の生存を信じて待ち続け、東京の住まいから繰り返し舞鶴に足を運んだが、ついに会えることはなかった。記念館には彼女に関する展示もある。

「夫の帰りを待つために、子どもをつれて舞鶴に移り住んだ女性もいますよ」

そう教えてくれたのは、記念館のボランティアガイドを務める山田昌道さん(一九四一年生ま

出迎えの人々が多く集まった，かつての舞鶴港桟橋（提供：舞鶴引揚記念館）

れ）だ。

その女性は、桟橋の見える中学校で働きながら、一三年間、夫を待ち続けたという。

「そこは私が通っていた中学校で、その方は用務員として住み込みで勤めておられました。確か定年まで働かれたと思います。結局、ご主人が帰還されることはありませんでした」

引揚船が着くたびに、出迎えの人や、「もしや……」という思いでやってきた人で桟橋付近はごった返した。一九五八（昭和三三）年九月に最後の船が入港するまで、およそ一三年間にわたって、さまざまなドラマが繰り広げられた引揚桟橋が復元されたのは、一九九四（平成六）年のことだ。記念館の裏手の丘にある展望台からは、その復元桟橋を見下ろすことができる。

展望台まではなだらかな坂道で、両側には桜の並木が続く。上りきると、緑にふちどられた港に、木造の桟橋が小さく突き出しているのが見えた。引揚船が着くと、ランチ(人や荷物を運ぶ連絡用の舟艇)が横づけされ、帰還した人たちはこれに乗って桟橋に向かったという。祖国での第一歩を踏み出したのが、この引揚桟橋だったのだ。

シベリア抑留については、ノンフィクションや小説、絵画、映像作品などでこれまでに数多く取り上げられてきた。また、墓参や遺骨収集、補償などに関する報道には現在も接する機会がある。だが、戦後、長い年月が過ぎるなかで、関心が薄れているのも確かだ。

私自身、かつての戦地におもむいて取材をすることは多かったが、シベリア抑留というと、どうしても遠い感覚があった。だが舞鶴の地を踏み、抑留者の生のあかしともいえる資料を直接この目で見たことで、抑留の歴史が身近なものになった実感がある。

帰還することのできなかった人たちが眠るかつての抑留地は、ロシアのウクライナ侵攻の影響で、現在、渡航が困難な状態にある。今後もしばらくは遺骨収集や墓参はむずかしいだろう。だが、こうした時期だからこそ、理不尽な運命を生きた人々に思いをはせることで戦争を知り、歴史を学びたい。

# 都立第五福竜丸展示館

## ──市民が守った被ばく漁船を展示

〒136-0081
東京都江東区夢の島 2-1-1 夢の島公園内

死の灰を浴びたマグロ漁船

こんなに美しい船だったのか、と思った。

そびえ立つようなシャープな船首。船体に沿って後方へまわると、優美な弧を描いて張り出した船尾に「静岡縣燒津港　第五福龍丸」の文字がある。

第五福竜丸は、一九五四(昭和二九)年三月一日、アメリカがマーシャル諸島のビキニ環礁《かんしょう》で行った水爆実験で被ばくした木造のマグロ漁船である。この水爆の爆発力は広島型原爆の一〇〇〇倍で、大量の「死の灰」(＝爆発で砕けた珊瑚礁が灰になって吹き上げられた放射性降下物)を太平洋上と大気圏にまきちらした。

第五福竜丸では二三名の乗組員全員が被ばくし、無線長だった久保山愛吉さんはその年の九月に死去。ほかの乗組員たちも後遺症に苦しみ、多くががんで亡くなった。この出来事は、第五福竜丸事件、あるいはビキニ事件と呼ばれている。

大量の放射線と死の灰を浴びた第五福竜丸は、悲劇の船であると同時に、水爆実験の実態を明るみに出した歴史の証人でもある。

ふだん私たちが目にする船の姿は、喫水線《きっすいせん》から上の部分だが、この第五福竜丸展示館では、船全体を、船底のさらに下方から見上げるかたちになる。館にふたつある入口のどちらから入っても、その巨大な姿がまず目に飛び込んできて、入館者はみな息をのむ。私もその偉容に圧倒されて、しばし言葉を失った。

第五福竜丸．この船のために設計された館内に展示されている

第五福竜丸は、一九四七(昭和二二)年に和歌山県で建造され、はじめはカツオ漁船として使われ、のちにマグロ漁船に改造されて遠洋漁業に出た。総トン数一四〇トン、全長約三〇メートル。これだけの大きさの木造漁船は、現在はもう造られることがない。

弧を描く船尾、丸みを帯びた船底など、曲線部分もすべて板張りで、あらためて木造船の美しさと精巧さがわかる。近づいて手をふれると、木のあたたかさが感じられた。

この第五福竜丸展示館は、直接的に戦争をテーマにしたミュージアムではない。だが、第五福竜丸のみならず、マーシャル諸島の人々や当時同じ海域にいたほかの船の乗組員を放射能にさらし、一帯の自然環境を大きく損なうことになった直接の原因は、より殺傷能力の高い兵器を開発するための水爆実験だった。広島・長崎への原爆投下をへた戦後の世界は、核兵器の製造能力こそが軍事的優位に立つ条件となる時代に入っていた。

一九五二(昭和二七)年一一月、アメリカが世界初の水爆実験を南太平洋のエニウェトク環礁で行うと、翌一九五三(昭和二八)年八月、ソ連もカザフスタンの実験場で水爆実験を実施する。するとアメリカは、その翌年の一九五四年三月から五月にかけて、今度は六回の大規模な水爆実験をマーシャル諸島のビキニ環礁とエニウェトク環礁で行った。その第一回目が、第五福竜丸が被ばくした三月一日の実験である。第五福竜丸事件は、米ソの核軍拡競争の結果として起きたのだ。

「沈めてよいか、第五福竜丸」

原水爆のおそろしさを伝える役割を果たしてきたこの船は、二〇一一(平成二三)年の東京電力福島第一原子力発電所の事故後、あらたな意味をもったといえる。

放射能被害の危険性は、いまや兵器だけの問題にとどまらず、私たちの生活の身近にある。第五福竜丸と、その乗組員たちがたどった運命は、過去ではなく、いまと未来の問題なのだ。

そうした重要な存在である第五福竜丸だが、一時は廃船処分されることが決まっていた。被ばくしたときは大きなニュースになり、それをきっかけに広まった原水爆禁止の署名運動には、一年あまりでおよそ三二〇〇万筆が集まった。だが次第に報道は減り、関心も薄れていく。船は政府が買いあげて東京水産大学(現在の東京海洋大学)で汚染調査が行われ、その後、練習船に改造されて使われた。

一九六七(昭和四二)年に老朽化によって廃船処分が決定すると、「屑化(解体)することを義務づける」と明記されて業者に払い下げられた。そして、エンジンなどの機械類が売りさばかれたあと、東京湾のごみ処分場でもあった「夢の島」埋立地に運ばれる。

そのまま朽ち果て、水没する運命にあった船を救い出し、修復し、後世に残したのは、広島、長崎の悲劇が二度と繰り返されてはならないと考えた、市民の声と行動だった。

展示館の船尾側の入口からすぐのところに、一九六八(昭和四三)年三月一〇日の朝日新聞「声」欄に載った投稿文が掲示されている。武藤宏一さんという、当時二六歳の会社員によるものだ。この少し前、第五福竜丸が「夢の島」に隣接した一五号埋立地に沈められる予定であることが報じられていた。

〈第五福竜丸。それは私たち日本人にとって、忘れることのできない船。決して忘れてはいけないあかし。平和を願う私たちのあかし。知らない人には、心から告げよう。忘れかけている人には、そっと思い起させよう〉

当時、被ばくから一四年がたち、あれほど大きなニュースとなった第五福竜丸のことは忘れ去られようとしていた。「沈めてよいか、第五福竜丸」と題されたこの投稿は、次のように締めくくられている。

〈原爆ドームを守った私たちの力で、この船を守ろう。いま、すぐに私たちは語り合おう。このあかしを保存する方法について。平和を願う私たちの心を一つにするきっかけとして〉

投稿は大きな反響を呼んだ。あの第五福竜丸がごみの海に沈められようとしているという報道と、二六歳の若者の新聞紙上の訴えによって、保存運動は大きなうねりとなって全国に広がっていくことになる。

## 市民の力で船体を保存

保存運動は市民の手で進められた。募金活動を行って債権者から船を買い取り、まずは自分たちの手で保全につとめた。台風や大雨のときは徹夜で船の内部に入った水を掻き出す作業を行い、破損部分は近隣の大工が修繕した。

運動の中心となった財団が船を東京都に寄贈し、都が永久保存のための建物を建設して誕生したのが、第五福竜丸展示館だ。オープンは一九七六(昭和五一)年六月。運営は、都から委託されるかたちで財団が行い、入館は無料である。

館内は、船体を取り囲む壁面に、第五福竜丸の被ばくの経緯や当時の状況、水爆実験の概要、マーシャル諸島の被害、世界の核実験と核廃絶のあゆみなどの資料が展示されている。ガラス瓶に入った「死の灰」の実物も見ることができる。

二階へ上がると、船の全容を、今度は上から見下ろすことになる。この船上で、二三人の乗組員は放射線を浴びたのだ。

第五福竜丸がいたのは爆心地から一六〇キロほど離れた地点だったが、『第五福竜丸から「三・一」後へ』(小沢節子著)によれば、二〇〇〇~三〇〇〇ミリシーベルトの被ばくをしたと推測され、これは、広島の爆心地から八〇〇メートル地点での被ばく量に相当するという。

乗組員には当日の夕方からめまいや頭痛、吐き気、下痢などの症状があらわれ、やがて顔の皮膚が黒ずんできた。灰がたまった部分には水疱《すいほう》ができ、帰港するまでの二週間のあいだに、帽子の外に出ていた髪の毛が抜けたという。

壁際に目をやると、第五福竜丸の模型が展示されていた。これを造ったのは、第五福竜丸の乗組員で、冷凍士をしていた大石又七《おおいしまたしち》さんだ。

大石さんは長い間、第五福竜丸に乗っていたことを隠して生きてきた。被ばく後、一年二か月におよぶ入院生活をへて帰郷した大石さんへの周囲の目は冷たかった。そこには、生き残った乗組員に二〇〇万円の見舞金が支払われたことへの複雑な感情があった。

戦時中には多くの漁船が徴用され、一家の働き手を失った家も多かった。海難事故の遺族もいる。大石さんの耳には「うちも、死ぬんなら死の灰をかぶって死んでくれればよかったのに」という声が聞こえてきた。

また、ビキニ環礁での水爆実験で被ばくした漁船は第五福竜丸だけではなく、周辺海域にいた多くの漁船が獲ったマグロも汚染され、廃棄を余儀なくされた。漁業組合を通して見舞金が配分されたが、末端の漁師や小売店まで行き届かなかったという事情もある。

### 模型船を造り続けた元乗組員

大石さんは東京に出てクリーニング店を始めた。第五福竜丸に乗っていたことは誰にも言わなかったという。被ばくしたと知られたら、差別を受けるのではないかという心配もあった。

転機となったのは、展示館を訪れたときに、職員からNHKのドキュメンタリー番組『廃船』のビデオを見せてもらったことだ。これによって、当事者である自分が知らされていなかった多くの事実があることに気づいた大石さんは、あらためて自分の経験したことを振り返り、当時のことを調べるようになった。

東京都町田市の和光中学校の生徒たちの要望に応えて、第五福竜丸の前で被ばくのことを語ったのは、一九八三(昭和五八)年のことだ。みな真剣に耳を傾けてくれた。

その中に、高橋しのぶさんという全盲の少女がいた。この子にも、第五福竜丸がどんな船だったのかを知ってもらいたい――そう思った大石さんは、手で触ることのできる模型を造ることを思い立つ。そして、長さ一メートルほどの船を完成させ、和光中学校に寄贈した。

第五福竜丸の設計図はもう存在せず、大石さんは、第五福竜丸の機関長だった山本忠司さんが送ってくれた遠洋マグロ漁船とサバ漁船の設計図を参考に、写真や記憶をもとに造ったという。

その後も大石さんは、数年間にわたって模型船を造り続けた。そのうちのひとつが、この展示館にある船だ。椎茸が入っていた網袋やビー玉、洋服のボタンなどを利用したというが、その精巧さと美しさからは、船への愛情が伝わってくる。

被ばくしたとき、大石さんは二〇歳になったばかりだった。人生を変えてしまった悲劇の船、長いあいだ思い出したくなかった第五福竜丸を、大石さんは精魂を込めて造り続けた。そこには、苦しみながら亡くなった無線長の久保山さんや、次々とがんで亡くなっていった仲間たちへの鎮魂の思いがあったのかもしれない。

大石又七さんが制作した模型(全長約1メートル)

この模型船もまた、立派な歴史の証人である。巨大な実物を前にしたときと同じくらい、私はこの小さな船に胸を打たれた。

大石さんの造った模型船は、広島平和記念資料館、長崎原爆資料館にも寄贈された。最後に造った船は、同じくアメリカの核実験の被害を受けたマーシャル諸島の人たちに贈られたという。

大石さんは二〇二一(令和三)年三月、八七歳で亡くなった。この展示館に修学旅行などでやってくる児童生徒への証言活動をライフワークとし、それは七〇〇回に及んだ。

私たちは、いまだに地上から核をなくすことができていない。だが、市民の力がごみの海から第五福竜丸を救い出して後世に残したこと、そして、心身に傷をかかえながら、次代のために最後まで力を尽くした人がいたことを思うと、希望を失ってはいけないという気持ちになる。

コラム

# インターネット上の戦争アーカイブ

## ——学びを深めるためのサイト

## 中国新聞　ヒロシマ平和メディアセンター

原爆の被害の実態や、核兵器をめぐる国内外の状況などを、日本語、英語、中国語、フランス語、ロシア語で伝える。中国新聞の核・平和問題についての社説やコラム、外部の識者の意見なども掲載。さらに「世界のヒバクシャ」、「知られざるヒバクシャ　劣化ウラン弾の実態」、核兵器禁止条約をめぐる動きを追った「核なき世界への鍵」など、過去の中国新聞の連載・特集記事も紹介している。https://www.hiroshimapeacemedia.jp/

戦争についてテーマを絞って調べたいとき、インターネットが役に立つ。新聞社や放送局などのメディア、大学、自治体、図書館、博物館など、充実したサイトを持っているところは多い。

原爆についてわからないことや深く知りたいことがあるとき、私が頼りにするのが、中国新聞の「ヒロシマ平和メディアセンター」というサイトである。

基礎的な知識を得ることのできる「ヒロシマを学ぶ」、大学生がゼミで制作したものを含む動画を紹介する「動画で平和発信」、証言を集めた「記憶を受け継ぐ」、被爆した〝もの〟を取り上げた「無言の証人」など、その充実度は目を見張るものがある。

同紙に掲載された二〇〇八（平成二〇）年以降の原爆関連の記事がすべて無料で閲覧できるほか、特集企画をまとめて読むこともできる。

たとえば二〇二〇（令和二）年度の新聞協会賞を受けた長期連載「ヒロシマの空白　被爆七五年」。原爆に関しては、公的記録に残っていない死者をはじめ、わかっていないこと、だれも調べてこなかったことがさまざまある。そうした空白を、ねばり強い取材――埋もれた資料の発掘や、年々少なくなっていく当事者の証言――によって埋めようとする企画である。

被爆当時のことだけでなく、広島の人々の戦後の闘いにも焦点を当て、それを支援していくという意志が、この連載ではっきりと示されている。

たとえば米国に持ち出された犠牲者の病理標本。被爆者への国による納得できない線引き。朝鮮人の原爆犠牲者の一部が広島市の死没者調査から脱け落ちていたこと。どのテーマからも、原爆被害は終わっていない、被爆地のメディアがやれることはまだあるはずだという責任感と決意が伝わってくる。

過去のすぐれた特集も読むことができる。注目したのは二〇〇〇（平成一二）年に連載された「知られざるヒバクシャ　劣化ウラン弾の実態」と題されたシリーズだ。

一九九一（平成三）年の湾岸戦争で米英軍がイラク軍に使用して問題になった劣化ウラン弾を

覚えているだろうか。その後に米英の退役軍人やイラクの人々に広がった、放射線被ばくによる健康障害を追い、〝知られざるヒバクシャ〟の実態を浮かび上がらせている。

ほかに「世界のヒバクシャ」というシリーズもあり、原爆のみではなく、広く核と放射能について報道しようとする姿勢が見てとれる。

このサイトには、被爆前の広島の写真をグーグルマップ上に配置し、ワンクリックで見られるようになっているページもある。活気あるかつての街の姿に、失われたものの大きさを改めて思わずにいられない。

また、グーグルマップでは、二〇一一(平成二三)年から、ストリートビューの機能を使って、立ち入りができない原爆ドームの内部を見ることができるようになっている。「ヒロシマ平和メディアセンター」のサイトと合わせて、ぜひ一度見てみてほしい。

### NHK 戦争証言アーカイブス

番組の制作を通して収録した戦争体験者一一〇〇人以上の戦争証言を公開。背景の理解を深めるため、「証言記録 兵士たちの戦争」「証言記録 市民たちの戦争」など、証言取材をもとに制作した番組も無料で見られる。また、「開戦」「空襲」「沖縄戦」など、ウェブ

独自の特集サイトも充実している。https://www.nhk.or.jp/archives/sensou/

NHKは、戦争にかかわる膨大な映像と音声の記録を持っている。それらの一部を公開しているサイトが「戦争証言アーカイブス」である。

中心になっているのは、さまざまな番組の制作を通じて収録された当事者たちの証言だが、それだけではなく、ニュース映像、録音資料、一般から募った手記などを組み合わせて、戦争の実相を立体的に伝えている。

戦時中のニュース映像や、ラジオニュースに使用された録音資料は特に貴重だ。硫黄島の戦いを調べて本を書いたことのある私は、その存在は知っていたが見たことのなかった、硫黄島で執務している栗林忠道中将の動画を、このサイトで初めて見ることができた。

録音資料については、「帝国陸海軍は、本八日未明、西太平洋においてアメリカ、イギリス軍と戦闘状態に入れり」という開戦のニュースや、終戦の玉音放送をはじめ、歴史的な音声をいくつも聞くことができる。

珍しいところでは、ボーイング、ロッキード・ハドソン、カーチスなどの重爆撃機や戦闘機の爆音を集めた「敵機爆音集」がある。俳優の故・児玉清さんにインタビューしたとき、戦時中、教室で敵機の爆音の録音を聞かされ、すっかり覚えたという話を聞いたが、このサイトの解説によれば、レコードにして国民学校に配られたそうだ。

検索機能がすぐれているのがこのサイトの特徴で、キーワードを入れれば、それにかかわる証言、NHKで過去に放送された番組、当時のニュース映像、手記、録音資料などがまとめて表示される。

特攻、学徒出陣、シベリア抑留など、大きなテーマで検索するのもいいが、たとえば祖父の出征先の地名や部隊名、家族が住んでいた外地の地名など、自分にかかわりのあるキーワードで検索してみることをおすすめする。思いがけない情報が出てきて、遠いと思っていた戦争が身近に感じられるかもしれない。

---

**アメリカ合衆国　ホロコースト記念博物館**

一九九三年に開館した、ワシントンDCにある博物館のウェブサイト。日本語でも読むことができる。多数の写真や証言を含んだ「ホロコースト百科事典」のほか、ホロコーストについて、基本的なことからくわしく学べる「学生のための教育サイト」など、奥行きのある構成になっている。https://www.ushmm.org/

---

海外の戦争関連の博物館には、ウェブサイトが充実しているところがたくさんある。そのひとつとして、アメリカのワシントンDCにある「アメリカ合衆国ホロコースト記念博物館」のサイトを紹介しよう。

ホロコーストに関する博物館は、アウシュヴィッツにもあるし、エルサレムにもベルリンにもある。アメリカにあるこの博物館を取り上げるのは、英語を含めて一六か国語に対応しており、日本語で読むことができるからだ。

グーグルの翻訳機能を使えば、日本語に対応していないサイトでも理解はできるが、やはり読みにくい。ホロコーストについて知りたいと思ったら、まずこのサイトを見てから、ほかのサイトを参照するとよいかもしれない。

ただし、このサイトの内容は、短時間で見終えることはとてもできない広さと深さをもっている。

アウシュヴィッツで撮影された多くの映像、証言の動画、遺品や書類の写真、アニメーションマップ……。ゲットーや収容所で当時歌われていた歌を聞くことまでできる。資料を集めて展示し、解説を加えるだけではなく、内容を徹底的に検証、分析してその成果を公開しているところはさすがというしかない。

ところで、アメリカになぜここまで大規模なホロコーストの博物館があるのか。アメリカはナチスと戦いユダヤ人を解放した側である。だが、サイトの「難民」の項目を読むと、戦時中の難民の受け入れが十分ではなかったことが記されている。入港を拒まれた難民船が引き返さざるを得ず、乗っていた人々の多くが後に収容所に送られた事実もある。

ユダヤ系の国民が大きな力を持つ背景もあるだろうが、自国の歴史を、思い出したくない内容も含めて検証しようという姿勢が感じられ、そうした意味でも得るものが大きいサイトである。

# 主な参考文献

**●大久野島毒ガス資料館**
『おおくのしま平和学習ガイドブック』山内正之編（大久野島から平和と環境を考える会）
『大久野島の歴史』山内正之（大久野島から平和と環境を考える会）
『一人ひとりの大久野島　毒ガス工場からの証言』行武正刀編著（ドメス出版）
『地図から消された島――大久野島　毒ガス工場』武田英子（ドメス出版）
『毒ガス戦と日本軍』吉見義明（岩波書店）

**●予科練平和記念館**
『海軍航空隊ものがたり――予科練平和記念館開館四周年記念特集』阿見町
『雛鷲の残像――そのままの予科練回想録』萩原藤之助（ＩＰＣ出版センター）
『「軍都」を生きる――霞ヶ浦の生活史　一九一九－一九六八』清水亮（岩波書店）
『若鷲に憧れて――元予科練生の回顧録』＊映像資料　阿見町ウェブサイト
『予科練平和記念館パンフレット』予科練平和記念館
『茨木のり子詩集』谷川俊太郎選（岩波文庫）

●戦没画学生慰霊美術館 無言館
『「無言館」への旅 戦没画学生巡礼記』窪島誠一郎(白水社)
『「戦争」が生んだ絵、奪った絵』野見山暁治・橋秀文・窪島誠一郎(新潮社)
『無言館ノオト』窪島誠一郎(集英社新書)
『無言館 戦没画学生「祈りの絵」』窪島誠一郎(講談社)

●周南市回天記念館
『回天記念館と人間魚雷「回天」』周南市地域振興部文化スポーツ課
『わだつみのこえ消えることなく 回天特攻隊員の手記』和田稔(角川文庫)
『戦場から届いた遺書』辺見じゅん(文春文庫)

●対馬丸記念館
『対馬丸記念館 公式ガイドブック』対馬丸記念会
『対馬丸』大城立裕(講談社文庫)

●象山地下壕(松代大本営地下壕)
『フィールドワーク松代大本営――学び・調べ・考えよう』松代大本営の保存をすすめる会編(平和文化)

『松代大本営ガイドブック　マツシロへの旅（新版）』松代大本営の保存をすすめる会
『改訂版　松代大本営　歴史の証言』青木孝寿（新日本出版社）
『本土決戦と外国人強制労働　長野県で働かされた朝鮮人・中国人・連合国軍捕虜』長野県強制労働調査ネットワーク編著、山田朗監修（高文研）
『歴史への招待　第三三巻　太平洋戦争　本土決戦』日本放送協会編（ＮＨＫ出版）
「松代大本営工事回顧」吉田栄一（軍事史学会編『軍事史学』第二〇巻第二号所収）
『過ぎて来た道』林虎雄（甲陽書房）
『木戸幸一日記　下巻』木戸日記研究会編（東京大学出版会）

**●東京大空襲・戦災資料センター**

『フィールドワーク東京大空襲』東京大空襲・戦災資料センター編（平和文化）
『東京大空襲　昭和二〇年三月一〇日の記録』早乙女勝元（岩波新書）
『東京大空襲・戦災誌』『東京大空襲・戦災誌』編集委員会編（東京空襲を記録する会）
『詩集――表札など』石垣りん（思潮社）

**●八重山平和祈念館**

『八重山戦争マラリア問題解決の記録――国の慰藉事業実現』篠原武夫・八重山戦争マラリア遺族会編著（新星出版）
『沖縄「戦争マラリア」――強制疎開死三六〇〇人の真相に迫る』大矢英代（あけび書房）

『絵が語る八重山の戦争　郷土の眼と記憶』潮平正道（南山舎）
『沖縄県平和祈念資料館　総合案内』沖縄県平和祈念資料館
『平和への証言――体験者が語る戦争』沖縄県平和祈念資料館

●原爆の図丸木美術館

『原爆の図　丸木位里と丸木俊の芸術』原爆の図丸木美術館
『《原爆の図》のある美術館　丸木位里、丸木俊の世界を伝える』岡村幸宣（岩波ブックレット）
『『ピカドン』とその時代』原爆の図丸木美術館編（琥珀書房）
『丸木スマ画集　花と人と生きものたち』丸木位里・丸木俊編（小学館）
『女絵かきの誕生』丸木俊（朝日選書）
『「原爆の図」描かれた〈記憶〉、語られた〈絵画〉』小沢節子（岩波書店）

●長崎原爆資料館

『ながさき原爆の記録　長崎原爆資料館図録』長崎市編（長崎平和推進協会）
『長崎原爆資料館　資料館見学・被爆地めぐり「平和学習」の手引書（増補改訂版）』長崎平和推進協会
『ピーストーク　きみたちにつたえたいX　くり返すまい　ナガサキの体験　第二巻』長崎平和推進協会
『長崎原爆絵巻　崎陽のあらし』深水経孝作、人吉高校英語研究会編（草の根出版会）

**●稚内市樺太記念館**

『日露戦争とサハリン島』原暉之編著(北海道大学出版会)
『日本領樺太・千島からソ連領サハリン州へ　一九四五年―一九四七年』エレーナ・サヴェーリエヴァ著、小山内道子訳、サハリン・樺太史研究会監修(成文社)
『樺太一九四五年夏――樺太終戦記録』金子俊男(講談社)
『国境の植民地・樺太』三木理史(塙書房)
『林芙美子紀行集　下駄で歩いた巴里』林芙美子(岩波文庫)

**●満蒙開拓平和記念館**

『満蒙開拓平和記念館図録』満蒙開拓平和記念館
『証言　それぞれの記憶』満蒙開拓平和記念館
「語り継ぐ「満蒙開拓」の史実――「満蒙開拓平和記念館」の建設実現まで」寺沢秀文(信濃史学会『信濃』第六五巻第三号所収)
『墓標なき八万の死者　満蒙開拓団の壊滅』角田房子(中公文庫)

**●舞鶴引揚記念館**

『舞鶴引揚記念館図録　母なる港　舞鶴』舞鶴市
『舞鶴への生還　一九四五―一九五六　シベリア抑留等日本人の本国への引き揚げの記録』舞鶴市

●都立第五福竜丸展示館

『第五福竜丸は航海中――ビキニ水爆被災事件と被ばく漁船六〇年の記録』第五福竜丸平和協会

『第五福竜丸から「三・一一」後へ　被爆者 大石又七の旅路』小沢節子（岩波ブックレット）

『ビキニ事件の真実　いのちの岐路で』大石又七（みすず書房）

## あとがき

広島県呉市にある大和《やまと》ミュージアムを訪れたとき、展示ケースの片隅に、小さな斧を見つけた。説明文に「軽巡洋艦・矢矧《やはぎ》の進水式に使われた」とある。矢矧は、大和とともに沖縄海上特攻に参加した九隻の艦艇のひとつで、当時、最新鋭の軽巡洋艦だった。

進水式では支綱《しこう》を切るのに斧が使われる。ああこれは矢矧の遺品なのか——銀無垢の美しい斧に思わず見入った。

矢矧の乗員だった池田武邦《たけくに》氏にお会いして話を聴いたのは二〇〇九(平成二一)年一月。その翌月に足を運んだ大和ミュージアムで、たまたまこの斧に出会ったのである。

戦後は建築家となり、日本初の超高層ビルである霞が関ビルを設計した池田氏は、沖縄海上特攻のとき二一歳。矢矧が撃沈されて海に投げ出され、爆発の炎で顔面に大やけどを負った状態で五時間あまり漂流したのちに救助された。

この特攻作戦で亡くなった大和以外の艦艇の死者はおよそ一〇〇〇名に上る。だが、これらの艦に光が当たることは少ない。とりわけ矢矧については、四四六名の乗員を失ったにもかかわらず、当時もその存在がほとんど知られていなかった。極秘のうちに建造されたからだ。一九四一(昭和一六)年の太平洋戦争開戦以後に進水した軍艦はすべて、機密保持のため一般国民には秘密にされた。矢矧の進水は一九四二(昭和一七)年九月。その後、艤装《ぎそう》(各種装備の取り付け)が行われ、翌年一二月に竣工して艦隊に引き渡されている。

「誕生だけではなく、矢矧はその最期もまた、残酷なほど秘密にされました」と池田氏は言った。

矢矧が沈んだあと、助けられた乗員の多くは駆逐艦「冬月《ふゆつき》」に収容されたが、佐世保《させぼ》港に帰投するまでに亡くなった者が何人もいたという。彼らの遺体は上甲板の狭い倉庫に積み上げられたが、佐世保港に着くと、死後硬直した手足を無理やり折り曲げられ、釘樽《くぎだる》に入れられた。

「棺桶が不足していたのではありません。機密保持のため、物資を装って陸揚げされたのです。矢矧という名も、そこで戦って死んだ多くの仲間のことも、一切秘密のまま、矢矧という艦は一生を終えた。われわれ生存者は一時、佐世保海軍病院浦頭《うらがしら》消毒所の一画に軟禁収容されました。特攻作戦の失敗もまた機密だったのです」

大和ミュージアムで矢矧の斧を見たとき、池田氏のこの言葉がよみがえった。海軍軍人でもあった高松宮《たかまつのみや》の遺品から寄贈されたというその斧には艦名が記されておらず、柄の部分に小さく「佐世保海軍工廠《こうしょう》」と刻まれているだけだった。傍《かたわ》らの説明文がなければ、どの艦のものかわからない。それは矢矧が、存在自体を隠された艦だったことを物語る。

隣には重巡洋艦・青葉の進水式で使われた斧が展示されていたが、こちらには「あおば」と彫られていた。普通ならこうして艦名が入るものなのだ。

矢矧の斧は、知られざる事実を無言のうちに語る存在である。昭和の戦争をテーマにしたノンフィクションを書いてきた私は、取材の過程でしばしば、この斧のような歴史の証言者としての「もの」に出会ってきた。

夫の遺骨も遺品も戻らなかったと話す女性の家で、薄紙に包まれて大切にしまわれていた手紙。封筒の表には「尋ネ得ズ」と書かれた付箋が貼られていた。それは戦地の夫に宛てて女性が書き送った手紙が返送されてきたもので、付箋の文言は、夫の所属する部隊が全滅して受け取るべき者がいなかったことを示していた。

南方の戦跡で見た、壊れた飛行機の胴体を石だらけのセメントで覆《おお》ったトーチカ。それは、大本営が「もはや敵手に委ねるもやむなし」と見放した島で、持久戦を戦うために工兵が工夫したものだった。

被爆死した広島の少女が着ていたピンクのブラウスは、広島の平和記念資料館に収蔵されていたものだ。色はくすみ、布地はぼろぼろになっていたが、前立てに一列に並んだ薔薇の形のボタンはあざやかな赤色を保っていた。もんぺなどの地味な服の下に着ていたらしいと知って、あの時代を生きていた女の子たちが急に身近になった。

戦争にかかわる取材を始めてからおよそ二〇年がたち、直接お会いして話を聴くことのできる体験者が減っていく中、私は「もの」を通して歴史のディティールにふれることができるのではないかと思うようになっていった。時間が積み重なった「もの」たちの美しさに魅《ひ》かれたこともあり、あらためて「戦争を伝える、平和のための資料館や美術館」=「戦争ミュージアム」に足を運んでみることにした。本書はその記録である。

ものたちが隠しもつ歴史を知るには、導き手が必要だ。その役割を果たしてくれたのが、それぞれの施設の学芸員の方たちである。

本書で訪れたミュージアムにおいても、心に残るものたちとの出会いが多くあった。対馬丸記念館に展示されていた幼い姉妹のランドセル、八重山平和祈念館で見た稲わらのお守り「サン」、舞鶴引揚記念館の「白樺日誌」、東京大空襲・戦災資料センターにあった実物と同じ重さで作られた焼夷弾の模型など、ここにはとても書ききれず、また紙幅が足りずに本書では取りあげられなかったものも多い。

こうしたものたちが資料の域を越えて歴史の証言者となり、いまと過去をつなぐ仲介者となってくれるのは、来歴を調査・研究し、記録を整理し、わかりやすく展示を工夫した各館の学芸員やスタッフの学識と熱意があってこそだ。

日本軍が毒ガス戦を行った証拠である大久野島毒ガス資料館の「支那事変ニ於ケル化学戦例証集」や、マラリア有病地への移住が軍命によるものだったことがわかる八重山平和祈念館の「八重山兵団防衛戦闘覚書」など、日本が行った戦争がどのようなものだったのかを検証するために重要な文書にも注目させられた。戦争ミュージアムは、「出会う」「知る」から、さらに一歩進んで深く学ぶことができる場でもあるのだ。

展示資料の解説文はもちろん、年表ひとつ、地図一枚にもミュージアムの姿勢は現れる。戦争による被害だけではなく、加害の側面からも目をそらさない意志が感じられる展示に出会うことができたのは大きな収穫だった。

戦争体験者が減っていく中で「もの」のもつ意味が大きくなると先に書いたが、各地のミュージアムでは、体験者にお会いして話を聴く機会にたびたび恵まれた。本当にありがたいことで、私にとってかけがえのない経験となった。

体験を語るのは生易しいことではなく、お会いした方たちの責任感と覚悟にふれて、身が引き締まる思いがした。本書を通して貴重な証言に接していただきたいのはもちろん、各施設で行われている語り部の会やセミナーなどに足を運んで、ぜひ直接話を聴いていただきたいと思う。

全国各地の一四か所を訪れて、いま改めて思うのは、場所が持つ歴史性である。過去からの声が聞こえる場所が確かにあるのだ。それぞれのミュージアムにはそこに建てられた理由があり、歴史とのアクセスポイントになっている。

本書では、日本の代表的な戦争ミュージアムである広島平和記念資料館を取り上げなかったが、それは、すぐれたガイドブックや関連書籍が多くあり、またホームページが充実していて、遺品などの被爆資料、証言ビデオ、動画、写真等の膨大なデータベースが公開されているためだ。事前学習に利用するだけでなく、気になった展示について訪問後に調べ直すことで、自分のテーマが発見できるかもしれない。

戦争ミュージアムは、死者と出会うことで過去を知る場所であると私は考えている。過去を知ることは、いま私たちが立っている土台を知ることであり、そこからしか未来を始めることはできない。

「我々は後ずさりしながら未来に入っていく」というポール・ヴァレリーの言葉がある。人間に未来は見えず、見えるのは過去だけだ。前に向かって進むには、歴史をかえりみて教訓とするしかないのだ。

本書は、『通販生活』誌上での四年にわたる連載がもとになっている。各ミュージアムの学芸員・スタッフの皆さん、そして、貴重な体験を語ってくださった方々に心からお礼を申しあげる。

連載を担当してくださったのは編集者の平野裕二さん、釜池雄高さん、写真家の吉崎貴幸さんである。書籍化にあたっては、岩波書店の渡部朝香さんにお世話になった。

これほど多くの場所に旅をしてたくさんの方にお会いし、協力をいただいて刊行に至った本は私にとって初めてである。幅広い世代の方たちのもとに本書が届くことを願って筆を擱《お》く。

二〇二四年六月

梯　久美子

・本書は、雑誌『通販生活』(カタログハウス)二〇二〇年盛夏号〜二〇二四年初春号に連載された「シリーズ　戦争を忘れない」(全一六回)を、補筆し、書籍化したものである。

・本文中の人物の肩書きは、取材当時による。URLは二〇二四年六月現在の閲覧による。

・「コラム　戦跡を訪ねて」の写真、および、11、50、113頁の写真は、著者の撮影による。「対馬丸記念館」および、113頁を除く「八重山平和祈念館」の写真は、小早川渉氏(おきなわフォト)の撮影・提供、その他の提供元のクレジットがない写真はすべて、吉崎貴幸氏の撮影・提供による。いずれも、株式会社カタログハウスの協力のもと掲載した。

梯 久美子

ノンフィクション作家．1961(昭和36)年，熊本市生まれ．北海道大学文学部卒業後，編集者を経て文筆業に．『散るぞ悲しき――硫黄島総指揮官・栗林忠道』(新潮社)で大宅壮一ノンフィクション賞を，『狂うひと――「死の棘」の妻・島尾ミホ』(新潮社)で読売文学賞，芸術選奨文部科学大臣賞，講談社ノンフィクション賞を受賞．近現代史における戦争と人間というテーマを一般読者に向けて執筆．『昭和二十年夏，僕は兵士だった』(角川文庫)，『昭和の遺書――55人の魂の記録』(文春新書)，『百年の手紙――日本人が遺したことば』『原民喜　死と愛と孤独の肖像』(岩波新書)，『サガレン 樺太／サハリン 境界を旅する』(角川文庫)，『この父ありて　娘たちの歳月』(文藝春秋)など，著書多数．

戦争ミュージアム―記憶の回路をつなぐ
岩波新書(新赤版)2024

2024年7月19日　第1刷発行
2024年9月25日　第2刷発行

著　者　梯《かけはし》 久美子《くみこ》

発行者　坂本政謙

発行所　株式会社 岩波書店
〒101-8002 東京都千代田区一ツ橋2-5-5
案内 03-5210-4000　営業部 03-5210-4111
https://www.iwanami.co.jp/

新書編集部 03-5210-4054
https://www.iwanami.co.jp/sin/

印刷製本・法令印刷　カバー・半七印刷


ISBN 978-4-00-432024-1　　Printed in Japan

# 岩波新書新赤版一〇〇〇点に際して

ひとつの時代が終わったと言われて久しい。だが、その先にいかなる時代を展望するのか、私たちはその輪郭すら描きえていない。二〇世紀から持ち越した課題の多くは、未だ解決の緒を見つけることのできないままであり、二一世紀が新たに招きよせた問題も少なくない。グローバル資本主義の浸透、憎悪の連鎖、暴力の応酬——世界は混沌として深い不安の只中にある。

現代社会においては変化が常態となり、速さと新しさに絶対的な価値が与えられた。消費社会の深化と情報技術の革命は、種々の境界を無くし、人々の生活やコミュニケーションの様式を根底から変容させてきた。ライフスタイルは多様化し、一面では個人の生き方をそれぞれが選びとる時代が始まっている。同時に、新たな格差が生まれ、様々な次元での亀裂や分断が深まっている。社会や歴史に対する意識が揺らぎ、普遍的な理念に対する根本的な懐疑や、現実を変えることへの無力感がひそかに根を張りつつある。そして生きることに誰もが困難を覚える時代が到来している。

しかし、日常生活のそれぞれの場で、自由と民主主義を獲得し実践することを通じて、私たち自身がそうした閉塞を乗り超え、希望の時代の幕開けを告げてゆくことは不可能ではあるまい。そのために、いま求められていること——それは、個と個の間で開かれた対話を積み重ねながら、人間らしく生きることの条件について一人ひとりが粘り強く思考することではないか。その営みの糧となるものが、教養に外ならないと私たちは考える。歴史とは何か、よく生きるとはいかなることか、世界そして人間はどこへ向かうべきなのか——こうした根源的な問いとの格闘が、文化と知の厚みを作り出し、個人と社会を支える基盤としての教養となった。まさにそのような教養への道案内こそ、岩波新書が創刊以来、追求してきたことである。

岩波新書は、日中戦争下の一九三八年一一月に赤版として創刊された。創刊の辞は、道義の精神に則らない日本の行動を憂慮し、批判的精神と良心的行動の欠如を戒めつつ、現代人の現代的教養を刊行の目的とする、と謳っている。以後、青版、黄版、新赤版と装いを改めながら、合計二五〇〇点余りを世に問うてきた。そして、いままた新赤版が一〇〇〇点を迎えたのを機に、人間の理性と良心への信頼を再確認し、それに裏打ちされた文化を培っていく決意を込めて、新しい装丁のもとに再出発したいと思う。一冊一冊から吹き出す新風が一人でも多くの読者の許に届くこと、そして希望ある時代への想像力を豊かにかき立てることを切に願う。

（二〇〇六年四月）

岩波新書より

## 随筆

高橋源一郎の飛ぶ教室　高橋源一郎
江戸漢詩の情景　揖斐高
読書会という幸福　向井和美
俳句と人間　長谷川櫂
知的文章術入門　黒木登志夫
人生の1冊の絵本　柳田邦男
レバノンから来た能楽師の妻　梅若マドレーヌ　竹内要江 訳
二度読んだ本を三度読む　柳広司
原民喜 死と愛と孤独の肖像　梯久美子
声優 声の職人　森川智之
生と死のことば 中国の名言を読む　川合康三
正岡子規 人生のことば　復本一郎
作家的覚書　髙村薫
落語と歩く　田中敦
文庫解説ワンダーランド　斎藤美奈子
俳句世がたり　小沢信男

日本の一文 30選　中村明
ナグネ 中国朝鮮族の友と日本　最相葉月
子どもと本　松岡享子
医学探偵の歴史事件簿 ファイル2　小長谷正明
里の時間◆　芥川仁　阿部直美
閉じる幸せ　残間里江子
女の一生　伊藤比呂美
仕事道楽 新版 スタジオジブリの現場　鈴木敏夫
医学探偵の歴史事件簿◆　小長谷正明
もっと面白い本　成毛眞
99歳一日一言◆　むのたけじ
土と生きる 循環農場から◆　小泉英政
なつかしい時間　長田弘
ラジオのこちら側で◆　ピーター・バラカン
面白い本　成毛眞
百年の手紙　梯久美子
本へのとびら　宮崎駿

ぼんやりの時間◆　辰濃和男
思い出袋◆　鶴見俊輔
活字たんけん隊　椎名誠
道楽三昧　小沢昭一　神崎宣武 聞き手
文章のみがき方　辰濃和男
悪あがきのすすめ　辛淑玉
水の道具誌　山口昌伴
スローライフ　筑紫哲也
森の紳士録◆　池内紀
沖縄生活誌◆　高良勉
シナリオ人生◆　新藤兼人
怒りの方法◆　辛淑玉
伝言　永六輔
四国遍路◆　辰濃和男
嫁と姑　永六輔
親と子　永六輔
夫と妻　永六輔
愛すべき名歌たち　阿久悠
活字博物誌　椎名誠

(2023.7)　◆は品切，電子書籍版あり．　(Q1)